जीवन
मधुमेह के संग

संशोधित एवं विस्तृत सातवां संस्करण

By the same author:

- Diet and Diabetes
- You and Your Diabetes
- Diabetes Quiz Book
- Living with Type 1 Diabetes
- You and Your Thyroid: The Complete Handbook of Managing Thyroid and its Complications
- मधुमेह एवं आपका भोजन
- जीवन मधुमेह के संग
- हृदय रोग और आप: रोग, उपचार एवं सावधानियाँ
- डायबिटीज प्रश्नोत्तरी
- थाइरॉइड

लेखक के बारे में

डॉ. अशोक झिंगन (जन्म 1949) एम.बी.बी.एस., एम.डी. (मेडिसिन) हैं और दिल्ली डायबिटीज़ रिसर्च सेण्टर, नई दिल्ली के निदेशक हैं। वे पिछले चालीस वर्षों से डायबिटीज़ (मधुमेह) और थायरॉयड से जुड़ी बीमारियों के क्षेत्र में निरन्तर कार्य कर रहे हैं। उनके कार्य और टीम को तीन गिनीज़ वर्ल्ड रिकॉर्ड्स से सम्मानित किया गया है।

वर्तमान में वे बी.एल. के. मैक्स अस्पताल, नई दिल्ली के वरिष्ठ निदेशक (सिनियर डायरेक्टर), मोटापा और मेटाबॉलिक विभाग में कार्यरत हैं। उन्होंने जयपुर गोल्डन हॉस्पिटल, नेशनल हार्ट इंस्टीटयूट और प्राइमस हॉस्पिटल, नई दिल्ली में वरिष्ठ सलाहकार (सीनियर कंसल्टेंट) के रूप में भी काम किया है।

डॉ. झिंगन की शिक्षा की शुरुआत मुरैना (म.प्र.) के एक गाँव से हुई। स्कूली शिक्षा के बाद उन्होंने एम.बी.बी.एस. और एम.डी. की डिग्री जी.आर.एम.सी., ग्वालियर से प्राप्त की। कम उम्र से ही वे अपने पिता से प्रभावित हुए, जो स्वयं एक डॉक्टर थे और समाजसेवा के लिए समर्पित थे। यही उनके जीवन का उद्देश्य बन गया।

डॉ. झिंगन ने डायबिटीज़ के क्षेत्र में समाज में जागरूकता फैलाने के लिए स्वास्थ्य मेले और सेमिनारों का आयोजन किया। उन्होंने थायरॉयड स्वास्थ्य के क्षेत्र में भी महत्त्वपूर्ण योगदान दिया है। उनका काम थायरॉयड हार्मोन की गड़बड़ियों की पहचान और उपचार में सुधार लाने तथा नए इलाज के तरीकों को विकसित करने पर केन्द्रित है।

उनके निरन्तर प्रयासों से एक बड़ा बदलाव आया – अब सीबीएसई परीक्षा में टाइप 1 डायबिटिक बच्चों को परीक्षा के बीच हल्का नाश्ता लेने की अनुमति मिलती है। उन्होंने पीयर ग्रुप सपोर्ट की अवधारणा दी, जिससे डायबिटिक बच्चों में आत्मविश्वास और सफलता की भावना विकसित हुई।

डॉ. झिंगन का यूट्यूब चैनल भी बहुत लोकप्रिय है और उनके वीडियो को बड़ी संख्या में लोग देखते हैं। उन्होंने डायबिटीज़ पर कई पुस्तकें लिखी हैं जिन्हें पाठकों द्वारा खूब सराहा गया है।

जीवन मधुमेह के संग

संशोधित एवं विस्तृत सातवां संस्करण

डॉ. अशोक झिंगन
M.B.B.S., M.D. (Medicine)
M.A.M.S., F.I.C.A. (USA)
F.I.A.M.S.

कॉन्सेप्ट पब्लिशिंग कम्पनी प्रा. लि.,
नई दिल्ली-110 059

ISBN: 978-93-6344-920-6

First Published 2026

Published and Printed by

Concept
Since 1974

Concept Publishing Company Pvt. Ltd.
A/15-16, Commercial Block, Mohan Garden
New Delhi-110059 (India)
T: +91-11-41101460
E: publishing@conceptpub.com, *W*: www.conceptpub.com

Cataloging in Publication--Courtesy: D.K. Agencies (P) Ltd. <docinfo@dkagencies.com>

Jhiṅgana, E. Ke. (Aśoka Ke.), 1949- **author.**
Jīvana madhumeha ke saṅga / Aśoka Jhiṅgana. -- Saṃśodhita evaṃ vistṛta sātavāṃ saṃskaraṇa.
pages cm
In Hindi.
Tips on how to live with diabetes.
ISBN 9789363449206

1. Diabetes--Popular works. I. Title.

LCC RC660.4.J45 2026 | DDC 616.462 23

यह पुस्तक मेरे माता-पिता की मधुर स्मृतियों को समर्पित है, जिनसे मैंने जीवन की असली शिक्षा प्राप्त की। उनके प्रेम, त्याग, और मार्गदर्शन ने मुझे हमेशा आगे बढ़ने की प्रेरणा दी। उनके आशीर्वाद से ही मैं इस मंजिल तक पहुंचा हूँ। वे भले ही आज हमारे बीच नहीं हैं लेकिन उनके संस्कार और सिद्धांत मेरे जीवन का अभिन्न हिस्सा बने रहेंगे।

यह पुस्तक उनके प्रति मेरी कृतज्ञता और श्रद्धा का प्रतीक है।

दो शब्द

डायबिटीज़, जिसे सामान्य रूप से मधुमेह कहा जाता है, एक ऐसी बीमारी है जो आज के समय में तेजी से बढ़ रही है। इसके प्रभाव सिर्फ शरीर तक सीमित नहीं हैं, बल्कि यह जीवन के हर पहलू को प्रभावित करती है। इस बीमारी का सही तरीके से प्रबंधन न किया जाए, तो यह हमारे स्वास्थ्य को नुकसान पहुँचाने के साथ-साथ जीवन की सहजता और क्षमता को भी कम कर देती है।

डायबिटीज के उपचार और प्रबंधन में आहार का महत्वपूर्ण स्थान है। सही आहार न केवल मधुमेह को नियंत्रित करने में मदद करता है, बल्कि यह हमें लंबी और स्वस्थ जिन्दगी जीने में भी सहायता करता है। इस पुस्तक में, मैंने अपने वर्षों के अनुभवों को संजोकर यह समझाने का प्रयास किया है कि डायबिटीज से पीड़ित व्यक्ति किस प्रकार से सही आहार और जीवनशैली अपनाकर अपने जीवन को सामान्य और खुशहाल बना सकते हैं।

पुस्तक में दिए गए सुझाव और जानकारी वैज्ञानिक तथ्यों और अनुसंधानों पर आधारित हैं। इसके माध्यम से मैं आप सभी को यह विश्वास दिलाना चाहता हूँ कि डायबिटीज एक लाइलाज बीमारी नहीं है, बल्कि इसे नियंत्रित किया जा सकता है। सही जानकारी, सही खान-पान, और नियमित व्यायाम से हम इसे काबू में रख सकते हैं।

मुझे विश्वास है कि यह पुस्तक आपको डायबिटीज के साथ एक स्वस्थ और सुखी जीवन जीने के लिए मार्गदर्शन देगी। मेरी यह कोशिश है कि इस पुस्तक के माध्यम से आपको सरल और व्यवहारिक जानकारी मिल सके, जो आपकी दिनचर्या में आसानी से लागू हो सके। मधुमेह के क्षेत्र में कई नई दवाइयाँ एवं जटिलताओं से बचने के उपायों के बारे में भी जानकारी देने का प्रयास किया गया है।

डॉ. अशोक झिंगन

आभार

ऐसे बहुत से लोग हैं जिन्हें मैं धन्यवाद देना चाहता हूँ क्योंकि मैं इस यात्रा में कभी अकेला नहीं था और यह पुस्तक संभव नहीं होती अगर इसमें बहुत से लोगों का सहयोग न होता, इसलिए जाहिर है, सूची लंबी होती जाती है।

मैं अपने दिवंगत माता-पिता श्रीमती सावित्री झिंगन एवं डॉ. श्री. आर.एन. झिंगन, जिन्होंने मुझमें दृढ़ता, ईमानदारी, सच्चाई, करुणा, सहानुभूति आदि मूल्यों का बीजारोपण किया, उनके प्रति अत्यन्त आभारी और कृतज्ञ हूँ।

मेरी पत्नी डॉ. कमलेश झिंगन जो हमेशा मेरी ताकत का स्तंभ रही हैं और जिन्होंने मुझे बहुमूल्य समर्थन दिया है और इस पुस्तक की प्रूफ रीडर भी रही हैं। मैं उनकी मदद और प्रोत्साहन के बिना मैं इस पुस्तक को पूर्ण नहीं कर सकता था।

मैं अपनी टीम, दिल्ली डायबिटीज रिसर्च सेंटर के क्लिनिकल और पैरा मेडिकल स्टाफ–डॉ. पदम शर्मा, सीनियर डाइटीशियन प्रीति बजाज, साजी थॉमस, रितिका, नितीश एवं शिव कुमार को उनके बहुमूल्य सहयोग के लिए धन्यवाद।

मैं अपने मरीजों को दिल से धन्यवाद देता हूँ, जिनके अनुभव और व्यक्तिगत अनुभव हमेशा प्रेरणा का स्रोत रहे हैं।

मैं, अपने करियर में मेरा मार्गदर्शन करने के लिए, गजरा राजा मेडिकल कॉलेज, ग्वालियर के अपने शिक्षकों और प्रोफेसरों का आभारी हूँ।

मैं चिकित्सा क्षेत्र में अपने सहकर्मियों का बहुत आभारी हूँ। आपकी अंतर्दृष्टि, सलाह और प्रोत्साहन इस पुस्तक की सामग्री को आकार देने में अमूल्य रहे हैं।

अंत में, मेरे पाठकों को, इस पुस्तक में आपकी रुचि के लिए धन्यवाद। मुझे उम्मीद है कि यहाँ दी गई जानकारी और मार्गदर्शन आपको अपने मधुमेह स्वास्थ्य की जिम्मेदारी लेने और एक स्वस्थ और अधिक पूर्ण जीवन जीने में सक्षम बनाएगा।

सच्चे आभार के साथ।

डॉ. अशोक झिंगन

स्वीकृति

मधुमेह एक आजीवन यात्रा है जो किसी व्यक्ति के जीवन के हर पहलू को प्रभावित करती है। एक मधुमेह विशेषज्ञ के रूप में, मुझे मधुमेह से पीड़ित अनगिनत व्यक्तियों के साथ काम करने का सौभाग्य मिला है और मैंने इस स्थिति को प्रबंधित करने के साथ आने वाली चुनौतियों, जीत और जटिलताओं को प्रत्यक्ष रूप से देखा है।

यह पुस्तक चिकित्सा विज्ञान और व्यावहारिक, रोजमर्रा की जिंदगी के बीच की खाई को पाटने की इच्छा से पैदा हुई थी। चाहे आपको अभी-अभी मधुमेह का निदान हुआ हो या आप इसे वर्षों से प्रबंधित कर रहे हों, मेरा लक्ष्य आपको अपने स्वास्थ्य को नियंत्रित करने के लिए आवश्यक उपकरण, जानकारी और रणनीतियाँ प्रदान करना है।

ऐसे बहुत से लोग हैं जिन्हें मैं धन्यवाद देना चाहता हूँ क्योंकि मैं इस यात्रा में कभी अकेला नहीं था और यह पुस्तक कई लोगों के समर्थन के बिना संभव नहीं होती, इसलिए जाहिर है, सूची लंबी होती जाती है।

मैं अपने दिवंगत माता-पिता डॉ. आर.एन. झिंगन और अपनी माँ सावित्री झिंगन का जितना भी वर्णन कर सकता हूँ, उससे कहीं अधिक आभारी हूँ, जिन्होंने मुझे दृढ़ता, ईमानदारी, सच्चाई, करुणा, कृतज्ञता और सहानुभूति का मूल्य सिखाया, जिसका मैं अब तक पालन करता हूँ।

मेरी पत्नी कमलेश झिंगन हमेशा मेरी ताकत रही हैं और उन्होंने मुझे बहुमूल्य समर्थन दिया है और प्रूफ रीडर भी रही हैं। उनके प्रोत्साहन के बिना मैं इस पुस्तक को पूर्ण नहीं कर सकता था।

मेरे बच्चों और मेरे पोते–पोतियों, मैं आप सभी को आपके बिना शर्त प्यार और समर्थन के लिए धन्यवाद देता हूँ।

मेरी टीम, दिल्ली डायबिटीज रिसर्च सेंटर में क्लिनिकल और पैरा मेडिकल स्टाफ – डॉ. पदम शर्मा, सीनियर डाइटीशियन प्रीति बजाज, सजी थॉमस, रितिका, नीतीश को उनके बहुमूल्य योगदान के लिए धन्यवाद कहता हूँ।

मैं अपने मरीजों को दिल से धन्यवाद देता हूँ, जिनके अनुभव और कहानियां हमेशा प्रेरणा का स्रोत रही हैं। आपके साहस और प्रोत्साहन ने मुझे मधुमेह को गहराई से समझने और बेहतर देखभाल की वकालत करने के लिए प्रेरित किया है।

मैं अपने करियर में मेरा मार्गदर्शन करने के लिए गजरा राजा मेडिकल कॉलेज, ग्वालियर के अपने शिक्षकों और प्रोफेसरों का आभारी हूँ।

मैं चिकित्सा क्षेत्र में अपने सहकर्मियों और गुरुओं का बहुत आभारी हूँ। आपकी अंतर्दृष्टि, सलाह और प्रोत्साहन इस पुस्तक की सामग्री को आकार देने में अमूल्य रहे हैं।

अंत में, मेरे पाठकों को, इस पुस्तक में आपकी रुचि के लिए धन्यवाद। मुझे उम्मीद है कि यहाँ दी गई जानकारी और मार्गदर्शन आपको अपने मधुमेह स्वास्थ्य की जिम्मेदारी लेने और एक स्वस्थ, अधिक संतुष्टिदायक जीवन जीने में सक्षम बनाएगा।

डॉ. अशोक झिंगन

छठा संस्करण : आमुख

पिछले कई वर्षों से डायबिटीज़ के उपचार (Treatment) एवं जटिलताओं को रोकने के लिये काफी शोध हुआ है। इस नए संस्करण में नई दवाइयों एवं उनके बारे में पूरी जानकारी देने का प्रयास किया गया है। मधुमेह की जटिलताओं जैसे दाँतों पर असर, सेक्स समस्यायें, पेट की समस्यायें एवं इन्सुलिन पम्प के बारे में विस्तृत जानकारी दी गई है।

आहार किस प्रकार का हो एवं गुर्दों के रोगी या हार्ट की बीमारी के रोगी किस प्रकार का आहार लें, उसके बारे में भी इस संस्करण में विस्तार से चर्चा की गई है। महिलाओं में मीनोपाज के साथ जुड़ी हुई परेशानियाँ एवं इससे बचाव के बारे में भी जानकारी देने का प्रयास किया गया है।

डॉ. अशोक झिंगन

पंचम संस्करण : आमुख

विश्व स्वास्थ्य संगठन ने भारतवर्ष को मधुमेह की राजधानी की संज्ञा दे दी है एवं उनके अनुसार आने वाले समय में एक सामान्य चिकित्सक के पास जाने वाला हर पांचवां रोगी मधुमेह का होगा। विडम्बना यह है कि आज भी न तो सरकार और ना ही मधुमेह के रोगी इस बीमारी को एक गंभीर समस्या मानते हैं, यही कारण है कि अधिकतर मधुमेह के रोगी जागरूकता के अभाव में जब बीमारी के लक्षणों के साथ डॉक्टर के पास जाते हैं तो उनमें से 50 प्रतिशत से अधिक को उस समय मधुमेह की जटिलतायें हो चुकी होती हैं। जागरूकता एवं ज्ञान से ही मधुमेह जैसी बीमारी से बचा जा सकता है। इसी प्रयास में यह पुस्तक "जीवन मधुमेह के संग" इतनी उपयोगी प्रतीत हो रही है कि इसका पांचवां संस्करण निकालने की जरूरत पड़ गई।

इस संस्करण में आहार को लेकर जो मिथक एवं शंकाएं होती हैं उसकी विस्तार से जानकारी दी गई है मधुमेह का एक कारण मोटापा भी है यह क्यों होता है एवं इससे कैसे बचा जाए, इसके बारे में भी इस संस्करण में जानकारी दी गई है। विश्व में अभी हुए अध्ययनों से यह निष्कर्ष निकला है कि जीवनशैली को परिवर्तित करके मधुमेह से बचा जा सकता है एवं इसे रोका भी जा सकता है उसके परिणामों पर प्रकाश डाला गया है। मधुमेह का दांतों पर काफी असर पड़ता है इसके प्रभाव से कैसे बचाव किया जाये तथा दांतों को मजबूत रखने के बारे में भी जानकारी दी गई है। प्रयास यही है कि हर संभव जानकारी देकर मधुमेह के रोगी को एक सामान्य व्यक्ति की तरह जीवन जीने की प्रेरणा देना है।

डॉ. अशोक झिंगन

चतुर्थ संस्करण : आमुख

मधुमेह रोग एक गम्भीर स्वास्थ्य समस्या है परन्तु आज भी दो-तिहाई रोगियों में अपनी इस बीमारी के विषय में ज्ञान एवं जागरूकता दोनों का ही अभाव है। वो सभी लोग इस बीमारी के बारे में जानना तो चाहते हैं, परन्तु उन्हें न तो गोष्ठियों और न ही अन्य उपलब्ध मधुमेह संबंधी साहित्य से यह जानकारी मिलती है।

जीवन मधुमेह के संग पहली एक ऐसी पुस्तक है जिसमें रोग के बारे में सरल भाषा द्वारा जानकारी देने का प्रयास किया गया है। यह पुस्तक मधुमेह के रोगियों के अतिरिक्त जन साधारण में भी लोकप्रिय है। आप इस पुस्तक की लोकप्रियता का इससे ही पता लगा सकते हैं कि इतने कम समय में इसका चतुर्थ संस्करण निकालने की जरूरत पड़ी। इस संस्करण में विश्व में हो रहे मधुमेह के क्षेत्र में अनुसंधान एवं उनके परिणाम तथा जटिलताओं की रोकथाम के उपायों की विस्तृत जानकारी (details) दी गई हैं।

मधुमेह रोग के बारे में

जागरूकता एवं ज्ञान के अभाव के कारण बहुत अधिक संख्या में मधुमेह के रोगी इसकी जटिलताओं के शिकार हो जाते हैं। इस चतुर्थ संस्करण में मधुमेह की जटिलताओं से बचाव एवं मधुमेह के क्षेत्र में हुए नये अनुसंधानों के बारे में जानकारी देकर इस पुस्तक की उपयोगिता को बढ़ाने का प्रयास किया गया है।

डॉ. अशोक झिंगन

तृतीय संस्करण : आमुख

वर्तमान में भारतवर्ष में लगभग 5 करोड़ लोग मधुमेह से पीड़ित हैं, मधुमेह के रोगियों की इस बढ़ती हुई संख्या का मुख्य कारण आज की आरामपसंद जिन्दगी, खान-पान में अनियमितताएं एवं जीवन में तनाव आदि हैं। सबसे गंभीर समस्या यह है कि लोगों में इस बीमारी के बारे में ज्ञान एवं जागरूकता दोनों का ही अभाव है।

"जीवन मधुमेह के संग" के तीसरे एवं विस्तृत संस्करण के प्रकाशन की आवश्यकता इस पुस्तक की मांग और संस्करण की समाप्ति के कारण पड़ी। लोगों ने इस पुस्तक को इतना सराहा कि पहले दोनों संस्करण समाप्त हो गए हैं, इस समय भारतवर्ष में मधुमेह संबंधी जानकारी वाली पुस्तकों में यह पुस्तक सबसे अधिक बिकने वाली पुस्तक है। अब तक लगभग दस लाख लोग इस पुस्तक को पढ़ चुके हैं। यह पुस्तक जनसाधारण के लिए सामान्य एवं सरल भाषा में लिखी गई है। कई लोग जिन्हें मधुमेह नहीं है वो भी इसे इसलिए खरीदते हैं कि उन्हें कुछ जानकारी मिल सके एवं इसे वो मधुमेह के लोगों को दे सकें। इस पुस्तक की लोकप्रियता इसी बात से जानी जा सकती है कि यह पुस्तक पाठकों में अत्यधिक लोकप्रिय है जिसका फायदा उठाने के लिए कई अन्य लोगों ने इसी पुस्तक के नाम पर अपनी पुस्तक छाप ली है।

इस नए संस्करण के द्वारा मधुमेह रोग के संबंध में वे सभी जानकारियां पाठकों तक पहुंचाने का प्रयास किया गया है जो आज के युग की नई खोज की देन हैं और उपचार से संबंधित हैं।

पुस्तक को सरल और जनसाधारण की भाषा में इसलिए लिखा गया है ताकि प्रत्येक पाठक आसानी से पढ़ और समझकर अपनी बीमारी के बारे में पूर्ण जानकारी प्राप्त कर सके। ऐसा कहा गया है कि जो व्यक्ति अपनी बीमारी के बारे में विस्तारपूर्वक जानता है वही सामान्य जीवन व्यतीत कर सकता है।

डॉ. अशोक झिंगन

विषय-सूची

मधुमेह या डायबिटीज़ मेलीटस

मधुमेह रोग के बारे में काफी सदियों पहले भी लोगों को जानकारी थी, आयुर्वेद में इसका विवरण मधुमेह या मीठा पेशाब की तरह मिलता है। आयुर्वेदिक चिकित्सकों को इसका ज्ञान 3000 वर्ष पहले से ही था। भारतीय आयुर्वेदिक चिकित्सकों सुश्रुत एवं चरक ने इस रोग के बारे में एवं यह कितने प्रकार का होता है, लिखा है–

'स्थूल प्रमेही बलवानहि एक:
कृक्षरतथेव परिदुर्वलक्ष्य
संवृहणंतम कृशस्य कार्यम्।
संशोधन दोष बलाधिकस्य।।

चरक के अनुसार यह बीमारी दो प्रकार की होती है, एक में तगड़े एवं बलवान लोगों पर असर करती है, दूसरी तरह की बीमारी में पतले एवं कमजोर लोग प्रभावित होते हैं। उस जमाने में जब किसी व्यक्ति को कमजोरी की शिकायत या फोड़े फुन्सियों का होना एवं आलस की शिकायत और उसका यह बताना कि मैं जहां पेशाब करता हूँ वहाँ चीटियां या कीड़े इकट्ठे हो जाते हैं, उसे कहा जाता था कि तुम्हें मधुमेह रोग है।

डायबिटीज़ शब्द ग्रीक शैली के डायबिटोज शब्द से निकला है, जिसका अर्थ होता है 'सायफन' या बहना एवं मेलीटस का अर्थ है मीठा।

इस समय भारत में लगभग 10 करोड़ मधुमेह के रोगी हैं एवं इतनी ही संख्या में वो लोग हैं जिन्हें मधुमेह है परन्तु अभी उसके बारे में अनभिज्ञ हैं। दिल्ली की आबादी के 25–26 प्रतिशत लोगों को मधुमेह है जबकि गांवों में यह अनुपात 10 प्रतिशत का है। इसका मुख्य कारण है–शहरीकरण से जीवन का तनाव (Urbanization

Stress), जीवनशैली में परिवर्तन, आरामपरस्त जीवन एवं खान-पान में बदलाव ही ऐसे कारण हैं। उन लोगों में जिनके माता-पिता को मधुमेह है उनमें इस बीमारी की संभावना को यह कई गुणा बढ़ा देते हैं।

विश्व में आज 83 करोड़ डायबिटिक रोगी हैं। ऐसा अनुमान है कि सन् 2050 तक यह संख्या 130 करोड़ हो जाएगी।

कारण

हमारे खाने में कार्बोहाइड्रेट, प्रोटीन, चर्बी, विटामिन, मिनरल एवं जल मुख्य तत्व होते हैं। जो भी खाना हम खाते हैं, वह छोटी आंतों द्वारा शोषित होता है। पाचक एन्जाइम्स जो अमाशय, आंतें एवं पेंक्रियाज ग्रन्थि से निकलते हैं वो खाने में मिलकर उसे पाचन लायक बनाते हैं। कार्बोहाइड्रेट ग्लूकोज में परिवर्तित हो जाता है और छोटी आंतों से पोषित (Absorb) होकर रक्त में पहुंचता है।

हर सामान्य व्यक्ति के रक्त में शुगर होती है। खाली पेट रक्त में शुगर का स्तर 100 मि.ग्रा. से कम होता है।

पेंक्रियाज से इन्सुलिन हारमोन निकलता है जो कि शरीर में शुगर की मात्रा को नियमित रखता है।

इस प्रकार से अगर शरीर में इन्सुलिन की मात्रा कम होगी तो शुगर पर नियंत्रण नहीं होगा। यह तभी होगा जब पेंक्रियाज ग्रन्थि जो यह हारमोन पैदा करती है, काम करना बंद कर दे या कम काम करे।

अभी तक कोई निश्चित कारण जिससे पेंक्रियाज काम करना बन्द कर देता है, मालूम नहीं हुआ है।

वंशानुगत पहलू (Hereditary)

मधुमेह परिवार में उन व्यक्तियों को अधिक प्रभावित करती है, जिनके माता-पिता मधुमेह के रोगी थे। कई व्यक्तियों में यह बीमारी बचपन से ही हो जाती है और कुछ में जैसे-जैसे उम्र बढ़ती जाती है इसके लक्षण शुरू हो जाते हैं।

मोटापा

ऐसा माना गया है कि अगर आपके शरीर का वजन औसतन वजन से 30 से 40 प्रतिशत अधिक है तो इन्सुलिन की कार्यक्षमता 30 से 35 प्रतिशत कम हो जाती है और ऐसे व्यक्तियों को मधुमेह हो सकता है।

मधुमेह कितने प्रकार का होता है

मधुमेह (डायबिटीज़ रोग) दो प्रकार का होता है–

टाईप एक–इन्सुलिन निर्भर मधुमेह (IDDM) एवं

टाईप दो–बिना इन्सुलिन निर्भर मधुमेह (NIDDM)।

टाइप-1 डायबिटीज़ (इन्सुलिन निर्भर मधुमेह)

यह डायबिटीज़ बच्चों में होती है और कभी-कभी व्यस्क लोगों में भी पाई जा सकती है।

यह एक ऐसा रोग है जिससे शरीर में इन्सुलिन हारमोन बिल्कुल नहीं बनता है। इसलिए शरीर में शुगर की मात्रा को नियंत्रित करने के लिए इन्सुलिन के टीके की जरूरत पड़ती है, [इसलिए इसे इन्सुलिन डिपेन्डेंन्ट डायबिटीज़ मेलिटस (IDDM) कहते हैं], नहीं तो मरीज बेहोश हो जाता है और डायबिटीज़ कोमा में चला जाता है। ऐसा कहते हैं कि वायरल बीमारियों से या अन्य कारणों से पेंक्रियाज ग्रन्थि में इन्सुलिन बननी बन्द हो जाती है एवं कार्य करना बन्द कर देती है।

टाइप-2 डायबिटीज़ (बिना इन्सुलिन निर्भर मधुमेह)

यह बीमारी टाईप-एक डायबिटीज़ की तुलना में कम गंभीर होती है और व्यस्क लोगों में ही पाई जाती है। सभी डायबिटीज़ के रोगियों में से 2/3 रोगी टाइप दो के होते हैं। शरीर में इन्सुलिन हारमोन तो है, परन्तु–

– या तो वो कम मात्रा में है
– या आवश्यकता पड़ने पर शरीर में उसकी मात्रा अधिक नहीं बड़ती या इस हारमोन का असर ही नहीं होता। शरीर में पाई जाने वाली इन्सुलिन इतनी मात्रा में तो होती है कि

रोगी को डायबिटिक कोमा में नहीं जाने देती एवं जीवन के लिए बाहर से इन्सुलिन की जरूरत नहीं पड़ती। इसीलिए इसे नॉन-इन्सुलिन डिपेन्डेंट डायबिटीज़ या एन.आई.डी.डी. एम (NIDDM) कहते हैं।

यह दो प्रकार की होती है–

(अ) वे व्यक्ति जो मोटे हैं–Obese NIDDM

(ब) वे व्यक्ति जो मोटे नहीं हैं–Non-obese NIDDM

(अ) जो व्यक्ति मोटे नहीं होते, उनमें डायबिटीज़ को मेचोरिटी ओनसेट डायबिटीज़ (परिपक्व अवस्था की) डायबिटीज़ कहते हैं और यह खाने पर नियंत्रण करने से या दवाई खाने से ठीक हो सकती है।

(ब) जो व्यक्ति मोटे हैं, उनके शरीर के अन्दर पैदा होने वाली इन्सुलिन का असर कम हो जाता है। इन्सुलिन रेसिस्टेन्स या इन्सुलिन का असर न होना ऐसे व्यस्क लोगों में देखने को मिलता है, जिनमें इन्सुलिन तो बन रही है, परन्तु उसका पूरा असर नहीं हो रहा है। इन लोगों में चर्बी पेट एवं कमर के आस-पास अधिक जमा होती है।

ध्यान देने की आवश्यकता

- केपिलरी या उंगली को प्रिक करके जो ब्लड शुगर टेस्ट किया जाता है वह वैनस (Venous) ब्लड शुगर जो कि लैब में कराया जाता है, से लगभग 15 मि.ग्रा. अधिक होता है।
- कई लोगों का खाली पेट का ब्लड शुगर अधिक होता है एवं खाने के दो घण्टे बाद वाला साधारण (Normal) होता है। इसका कारण रात में लिवर से शुगर का अधिक बनना एवं खाने के बाद इन्सुलिन का असर साधारण (Normal) होना होता है।
- कई लोगों में खाली पेट ब्लड शुगर सामान्य होता है एवं खाने के बाद बढ़ जाता है। इन लोगों में रात्रि में लीवर द्वारा शुगर के बनने पर नियंत्रण सामान्य रहना एवं खाने के दो घण्टे बाद इन्सुलिन का कम असर या इन्सुलिन कम मात्रा में होना, होता है।

डायबिटीज़ के मुख्य लक्षण

भूख अधिक लगना

प्यास अधिक लगना

बार–बार पेशाब आना

वजन कम होना

थकावट एवं शिथिलता

सिर में दर्द रहना

प्रीडायबिटीज़

बॉर्डरलाइन डायबिटीज़, प्रीडायबिटीज़ का दूसरा नाम है, एक ऐसी स्थिति जो टाइप-2 डायबिटीज़ विकसित होने की संभावना को बढ़ाती है।

इसे ग्लूकोज असहिष्णुता के रूप में भी जाना जाता है,

प्रीडायबिटीज़ तब होती है जब आपके ब्लड शुगर का स्तर सामान्य से अधिक होता है, लेकिन वे मधुमेह का संकेत माने जाने के लिए पर्याप्त नहीं होते हैं।

इस समय भारत में लगभग 10 करोड़ मधुमेह के रोगी हैं और 13.6 करोड लोग प्रीडायबिटिक हैं। प्रीडायबिटीज़ का मधुमेह में रूपांतरण दर प्रति वर्ष 10% है। दिल्ली मधुमेह रोग में सबसे आगे है, इसके बाद मुंबई, अहमदाबाद, बेंगलुरु, चेन्नई हैं।

बढ़ते 'पश्चिमीकरण' और आधुनिक जीवनशैली के सात दुष्प्रभाव हैं शारीरिक निष्क्रियता (गतिहिन जीवनशैली) कम घंटों के लिए सोना, तनाव, नमक की अधिकता, अधिक मीठे का सेवन, धूम्रपान और शराब ने हमारी जीवनशैली में भारी बदलाव ला दिया है। यह अनुमान लगाया गया है कि अगर जीवनशैली में कोई बदलाव नहीं किया जाता है तो प्रीडायबिटीज़ वाले 15% से 30% लोगों को अगले 3–5 वर्षों में मधुमेह हो जाएगा।

अगर आपको प्रीडायबिटीज़ है, तो डॉक्टर मेटफॉर्मिन जैसी दवा लिख सकते हैं। यह इन्सुलिन संवेदनशीलता को बढ़ाने और ब्लड शुगर के स्तर को नियंत्रण में रखने में भी मदद कर सकता है।

प्रीडायबिटीज़ लक्षण

प्रीडायबिटीज़ में आमतौर पर कोई लक्षण या संकेत नहीं होते हैं। प्रीडायबिटीज़ का एक संभावित संकेत शरीर के कुछ हिस्सों पर त्वचा का काला पड़ना है। ये Pigmentation गर्दन, बगल और कमर पर हो सकती हैं।

अन्य लक्षण–

- प्यास में वृद्धि
- बार-बार पेशाब आना
- भूख में वृद्धि
- थकान
- धुंधली दृष्टि
- पैरों या हाथों में सुनपन
- बार-बार संक्रमण
- धीरे-धीरे ठीक होने वाले घाव
- अनपेक्षित वजन घटना (बॉर्डरलाइन डायबिटीज़)

मधुमेह रोग के लक्षण

- भूख का अधिक लगना।
- वजन कम होना।
- अधिक मात्रा में एवं बार-बार पेशाब आना।
- थकान एवं शिथिलता।
- खुजली-शरीर के अन्दर वाले हिस्सों (जननांगों), जांघों और पेशाब की जगह पर खुजली होना।
- आंखों से धुंधला दिखाई देना, चश्में का नम्बर बढ़ना।
- फोड़े-फुंसियों का होना
- पैर व टांगों का सो जाना एवं चींटियां जैसी चलना।
- पिंडलियों में दर्द होना एवं रात को सोते हुए या दिन में चलते-चलते पिंडलियों में कढवल (बांयटा) पड़ना।

ये सभी लक्षण हैं जो मधुमेह रोग की संभावना दर्शाते हैं।

कई बार ऐसा होता है कि पैर में कोई चोट लग जाए या जूतों से कट हो जाता हो और जख्म भरता न हो तब टेस्ट कराने पर पता चलता है कि मधुमेह रोग है।

कई बार जब किसी रोग के लिए सर्जरी (आपरेशन) की जरूरत होती है एवं खून तथा पेशाब की जांच की जाती है तब पता लगता है कि उस व्यक्ति को डायबिटीज़ है।

डायबिटीज़ कोमा के रोगी जिनको टाइप-1 डायबिटीज़ है या टाइप-2 डायबिटीज़ है उसके मुख से अजीब सी बदबू आती है। ब्लड प्रेशर कम होता है एवं खड़े होने पर वह गिर जाता है तथा रोगी को चक्कर आने लगते हैं। सारे शरीर में चर्बी जमा हो जाने के निशान एवं कोलेस्ट्रोल बढ़ा हुआ होता है। महिलाओं

के जननांगों में सूजन एवं फंगस इन्फेक्शन के निशान होते हैं।

मधुमेह के रोगियों को अन्य लोगों के मुकाबले ये समस्याएं ज्यादा होती हैं।

दिल का दौरा (हार्ट अटैक)

- दौरा पड़ना (Strokes) या पक्षाघात (Paralysis)
- डायबिटीज़ के कारण Amputation या पैर का कटना
- बार-बार संक्रमण (इन्फेक्शन) होना
- आंखों की बीमारी, जिससे व्यक्ति अंधा भी हो सकता है
- यौन समस्याएं
- गुर्दे की बीमारी जिसमें डायलिसिस या उनके प्रत्यारोपण की जरूरत पड़ सकती है
- स्नायु विकृति
- सुनाई कम पड़ना
- दाँतों की खराबी, मसूड़ों से खून आना
- जोड़ों में दर्द/कंधों में दर्द।

किन-किन लोगों में मधुमेह होने की सम्भावना अधिक होती है

– मधुमेह होने की संभावना अधिक उम्र, मोटापा एवं आरामपरस्त लोगों में अधिक होती है।
– उन महिलाओं में मधुमेह होने की सम्भावना अधिक होती है जिनको गर्भधारण के समय मधुमेह रहा हो।
– उन लोगों में जिनको उच्च रक्त–चाप एवं रक्त में चर्बी की मात्रा अधिक हो।
– जिनके परिवारजन में मधुमेह रोग हो।
– जिनका वजन औसतन ऊँचाई एवं वजन तालिका से 20 प्रतिशत अधिक हो।
– उन भारतीय नागरिकों में जो अमेरिका या इंग्लैंड में रहते हों।
– उन सभी लोगों को जिनकी आयु 45 वर्ष से अधिक हो।
– उन सभी लोगों में जिनका वजन एकाएक कम हो गया हो।
– उन लोगों में जिनका कम उम्र में आंखों में मोतियाबिन्द या केटरेक्ट की तकलीफ हो।
– उन सभी लोगों को जिनकी कम उम्र में उच्च रक्तचाप या हार्ट–अटैक की तकलीफ रहती है।
– उन सभी लोगों को जिनके जख्म जल्दी ठीक नहीं होते या फेफड़ों में क्षयरोग या टी.बी. का रोग रहा हो।

आपको मधुमेह हो सकता है अगर यह लक्षण हैं–

– बार–बार पेशाब आना

– अधिक भूख लगना
– वजन कम होना
– कमजोरी या थकावट का होना
– सुस्ती, हमेशा आराम करने की इच्छा
– गुप्तांगों पर खुजली या जलन होना
– पैरों में जलन एवं सुन्नपन
– चोट या ज़ख्म का बहुत देर तक ठीक न होना
– सारे शरीर पर खुजली या बार-बार फोड़े-फुन्सियां निकलना
– महिलाओं में बार-बार गर्भपात होना

उपरोक्त लक्षणों के होने पर हो सकता है कि आपको मधुमेह रोग हो।

मधुमेह रोग का अगर पहले ही पता चल जाए तो मधुमेह से होने वाली भयानक जटिलताओं से बचा जा सकता है।

इसलिए 35 वर्ष से अधिक आयु वर्ग के हर व्यक्ति को रक्त में शक्कर की जांच वर्ष में 2 बार कराते रहना चाहिए।

आपको मधुमेह होने की संभावनाएं कितनी हैं।

		हां	नहीं
1.	आपका वजन, तालिका के अनुसार अधिक है।	5	–
2.	आयु 60 वर्ष है और दिन-भर में व्यायाम नहीं कर पाता	5	–
3.	आयु 45 से 60 के बीच है	5	–
4.	मेरी आयु 60 वर्ष से अधिक है	5	–
5.	मैं स्त्री हूँ एवं मेरे बच्चे का वजन जन्म के समय 3.5 किलो से अधिक था	1	–
6.	मेरे भाई या बहन को मधुमेह है	1	–
7.	मेरे माता या पिता अथवा दोनों को मधुमेह है	1	–

- यदि आपका स्कोर 3–9 के बीच है तो अभी आपको मधुमेह होने की सम्भावना बहुत कम है।
- यदि आपका स्कोर 10 या इससे अधिक है तो आपको मधुमेह (डायबिटीज़) से पीड़ित होने की सम्भावना अधिक है। आप अपने डॉक्टर की सलाह लीजिए जो आपको कुछ ऐसे खून के टेस्ट करवाने की सलाह देंगे जिससे आपको पुष्टि हो सकेगी कि आप मधुमेह पीड़ित हैं या नहीं।

डायग्नोस्टिक टेस्टस

रैंडम ब्लड शुगर टेस्टः रैंडम समय पर ब्लड सैंपल लिया जाएगा। इससे कोई फर्क नहीं पड़ता कि आपने आखिरी बार कब खाया था, 200 मिलीग्राम प्रति डेसीलिटर (200 mgm/dL) या इससे ज़्यादा ब्लड शुगर लेवल डायबिटीज़ का संकेत देता है।

फास्टिंग ब्लड शुगर टेस्टः रात के खाने के बाद, 8–10 खाली पेट ब्लड सैंपल लिया जाएगा। 100 mg/dL से कम फास्टिंग ब्लड शुगर लेवल सामान्य है। 100 से 125 mg/dL तक का फास्टिंग ब्लड शुगर लेवल प्रीडायबिटीज़ माना जाता है। अगर दो अलग-अलग टेस्ट में यह 126 mg/dL या इससे ज्यादा है तो आपको डायबिटीज़ है।

ओरल ग्लूकोज टॉलरेंस टेस्ट (GTT): इस टेस्ट के लिए, आप रात भर उपवास करते हैं। फिर खाली पेट ब्लड शुगर लेवल मापा जाता है। 75 ग्राम ग्लूकोज वाला मीठा तरल पदार्थ/पेय पीते हैं और अगले 1 घंटा बाद व 2 घंटों तक ग्लूकोज के स्तर की जाँच की जाती है।

140 mg/dL से कम ब्लड शुगर का स्तर सामान्य है। दो घण्टे के बाद 200 mg/dL से अधिक ब्लड शुगर की रीडिंग का मतलब है कि आपको मधुमेह है। 140 और 199 mg/dL के बीच की रीडिंग का मतलब है कि आपको प्री-डायबिटीज़ है।

ग्लाइकोसिलेटेड हीमोग्लोबिन (HbA1C) परीक्षणः यह रक्त परीक्षण पिछले 89-90 दिनों के लिए आपके औसत ब्लड शुगर स्तर को दर्शाता है। यह हीमोग्लोबिन से जुड़ी ब्लड शुगर के प्रतिशत को मापता है (हीमोग्लोबिन लाल रक्त कोशिकाओं में ऑक्सीजन ले जाने वाला प्रोटीन है) दो अलग-अलग परीक्षणों में 6.5 प्रतिशत या उससे

अधिक का A1C स्तर का मतलब आपको मधुमेह है।

मधुमेह के लिए मूत्र परीक्षण

ग्लूकोज स्तर और कीटोनः डॉक्टर आपको ग्लूकोज और कीटोन की उपस्थिति के लिए मूत्र का परीक्षण करने के लिए कह सकते हैं।

ग्लूकोज स्तर

मूत्र ग्लूकोज परीक्षण आपके मूत्र में असामान्य रूप से उच्च स्तर के ग्लूकोज की जांच करने का एक सरल तरीका है।

मधुमेह का अधिक सटीक निदान करने के लिए, एक डॉक्टर आमतौर पर रक्त ग्लूकोज परीक्षण पर निर्भर करेगा। रक्त परीक्षण अधिक सटीक होते हैं और रक्त में ग्लूकोज की मात्रा को माप सकते हैं।

कीटोन

टाइप–1 मधुमेह में, शरीर ऊर्जा के लिए वसा को भी जलाना शुरू कर सकता है क्योंकि कोशिकाओं को वह ग्लूकोज नहीं मिल रहा है जिसकी उन्हें आवश्यकता है। जब ऐसा होता है, तो शरीर कीटोन नामक जैव रसायन का उत्पादन करता है।

जब रक्त में कीटोन बनते हैं, तो वे रक्त को अधिक अम्लीय (Acidic) बनाते हैं। शरीर में अधिक कीटोन होने से कोमा हो सकता है और यह मृत्यु का कारण भी बन सकता है।

टाइप-1 मधुमेह वाले लोगों में मूत्र कीटोन परीक्षण सबसे अधिक आवश्यक है–

- जिनका रक्त शर्करा स्तर 300 मिलीग्राम प्रति डेसीलिटर (mg/dL) से अधिक है।

मधुमेह कीटोएसिडोसिस (DKA) मधुमेह की एक तीव्र जटिलता है।

लक्षण

- उल्टी या जी मिचलाना।
- लगातार उच्च ब्लड शुगर जो उपचार का जवाब नहीं देता।
- लगातार बीमार महसूस करना या थका हुआ महसूस करना।
- अत्यधिक प्यास लगना या मुंह का बहुत सूखा होना।
- बार–बार पेशाब आना।
- सांसों से "फलों जैसी" गंध आना।
- भ्रम या ऐसा महसूस होना कि आप "धुंध" में हैं।

आमतौर पर, यदि आपका मधुमेह अच्छी तरह से नियंत्रित है, तो आपको नियमित रूप से अपने कीटोन के स्तर की जांच करने की आवश्यकता नहीं हो सकती है। यदि आपको बताए गए किसी भी लक्षण का अनुभव होने लगे, आपका ब्लड शुगर 259 mg/dL से अधिक हो, या आपके शरीर पर इन्सुलिन इंजेक्शन काम नहीं कर रहा हो, तो आपको अपने कीटोन के स्तर की निगरानी शुरू करने की आवश्यकता हो सकती है।

मूत्र में कीटोन का सामान्यता 0.6 मिलीमोल प्रति लीटर (mmol/L) से कम होता है।

असामान्य परिणाम का मतलब है कि आपके मूत्र में कीटोन हैं। रीडिंग को आमतौर पर छोटे, मध्यम या बड़े के रूप में वर्गीकृत किया जाता है।

छोटे से मध्यम

0.6 से 1.5 mmol/L (10 से 30 mg/dL) का कीटोन स्तर छोटे से मध्यम माना जाता है। इस परिणाम का मतलब हो सकता है कि कीटोन का निर्माण शुरू हो रहा है। आपको कुछ घंटों में फिर से परीक्षण करना चाहिए। इस बार, परीक्षण से पहले खूब पानी पिएं। यदि आपका रक्त शर्करा स्तर भी अधिक है तो व्यायाम न करें। भूखे

रहने से मूत्र में कीटोन की थोड़ी मात्रा भी हो सकती है, इसलिए भोजन सामान्य करते रहिये।

मध्यम से बड़ा

1.6 से 3.0 mmol/L (30 से 50 mg/dL) का कीटोन स्तर मध्यम से बड़ा माना जाता है। यह परिणाम संकेत दे सकता है कि आपकी मधुमेह का प्रबंधन ठीक से नहीं हो रहा है। इस बिंदु पर चिकित्सा सहायता लेनी चाहिए।

बहुत बड़ा

3.0 mmol/L (50 mg/dL) से अधिक कीटोन स्तर संकेत दे सकता है कि आपको DKA है। यह एक जानलेवा स्थिति है और इसके लिए तत्काल चिकित्सा उपचार की आवश्यकता होती है। यदि आपका स्तर बहुत अधिक है तो सीधे Hospital के आपातकालीन कक्ष में जाएँ |.

यदि आपको मधुमेह का निदान किया जाता है, तो आपका डॉक्टर ऑटोएंटीबॉडी की जांच के लिए रक्त परीक्षण भी कर सकता है जो टाइप–1 मधुमेह में आम है। ये परीक्षण आपके डॉक्टर को टाइप–1 और टाइप–2 मधुमेह के बीच अंतर करने में मदद करते हैं। मूत्र में कीटोन की उपस्थिति भी टाइप–2 के बजाय टाइप–1 मधुमेह का संकेत देती है।

आइलेट सेल साइटोप्लाज्मिक ऑटोएंटीबॉडीज (ICA)

आइलेट कोशिकाएं अग्नाशय में कोशिकाओं के समूह हैं जो इन्सुलिन सहित हार्मोन का उत्पादन करती हैं। यह परीक्षण टाइप–1 मधुमेह वाले 80 प्रतिशत लोगों में मौजूद आइलेट सेल एंटीबॉडी के प्रकार की पहचान करता है।

ग्लूटामिक एसिड डिकार्बोक्सिलेज ऑटोएंटीबॉडीज (GADA या एंटी-GAD)

यह परीक्षण इन्सुलिन–उत्पादक अग्नाशयी (Pancreatic) बीटा कोशिकाओं में एक विशिष्ट एंजाइम के खिलाफ एंटीबॉडी की तलाश करता है।

AGAD परीक्षण एक रक्त परीक्षण है जो मापता है कि क्या शरीर एक प्रकार का एंटीबॉडी बना रहा है जो अपनी स्वयं की GAD कोशिकाओं को नष्ट कर देता है।

GAD परीक्षण क्यों किया जाता है?

यह परीक्षण यह निर्धारित करने में मदद करने के लिए किया जाता है कि किसी व्यक्ति को किस प्रकार का मधुमेह है। यह जानने में मदद करता है कि किसी व्यक्ति को टाइप–1 मधुमेह है या वयस्कता का लेटेंट ऑटोइम्यून डायबिटीज़ (LADA)।

टाइप–1 मधुमेह में रक्त में कई ऑटोएंटीबॉडी होती हैं, जिनमें वे भी शामिल हैं जो ग्लूटामिक एसिड डिकार्बोक्सिलेज को लक्षित करते हैं। इन ऑटोएंटीबॉडी की मौजूदगी टाइप–1 डायबिटीज़ का संकेत देती है। इस परीक्षण का उपयोग यह निर्धारित करने के लिए भी किया जा सकता है कि गर्भावधि मधुमेह (गर्भावस्था में मधुमेह) टाइप–1 मधुमेह हो सकता है या नहीं। इस परीक्षण का उपयोग टाइप–1 मधुमेह की प्रगति को मापने या टाइप–1 मधुमेह या LADA के खतरे के संकेत के लिए भी किया जा सकता है।

GAD ऑटोएंटीबॉडी परीक्षण कैसे किया जाता है?

परीक्षण करने के लिए रोगी की बांह से रक्त का नमूना लिया जाता है और इन्सुलिन थेरेपी शुरू करने से पहले परीक्षण किया जाना चाहिए।

GAD परीक्षण के परिणाम क्या दिखाएंगे?

निदान के समय टाइप-1 मधुमेह वाले 75 प्रतिशत लोगों में GAD एंटीबॉडी की उपस्थिति देखी जाती है।

सी-पेप्टाइड: जबकि अधिकांश परीक्षण एंटीबॉडी की जांच करते हैं, यह परीक्षण मापता है कि किसी व्यक्ति के रक्त में कितना सी-पेप्टाइड है। पेप्टाइड का स्तर आमतौर पर शरीर में इन्सुलिन के स्तर को दर्शाता है।

GAD एंटीबॉडी परीक्षण को सी-पेप्टाइड परीक्षण की तुलना में इस प्रकार के मधुमेह के परीक्षण के तरीके के रूप में पसंद किया जा सकता है, जो मापता है कि शरीर द्वारा कितना इन्सुलिन बनाया जा रहा है।

मधुमेह से पीड़ित लोगों के लिए सुझाए गए परीक्षण निदान के बाद आप अपने मधुमेह के प्रबंधन के बारे में बात करने के लिए नियमित रूप से अपने परामर्शदाता से मिलेंगे। इन मुलाकातों के दौरान, परामर्शदाता/डाक्टर आपके A1C स्तरों की जाँच करेगा।

HbA1C

आपका A1C लक्ष्य आपकी आयु और विभिन्न अन्य कारकों के आधार पर भिन्न हो सकता है। अमेरिकन डायबिटीज़ एसोसिएशन के अनुसार A1C का स्तर 7 प्रतिशत से कम होना चाहिए, या औसत ग्लूकोज स्तर लगभग 154 mg/dL होना चाहिए। A1C परीक्षण से पता चलता है कि मधुमेह उपचार योजना दैनिक ब्लड शुगर परीक्षणों की तुलना में कितनी अच्छी तरह काम कर रही है।

उच्च A1C स्तर का मतलब हो सकता है कि आपको इन्सुलिन की मात्रा, भोजन योजना या दोनों को बदलने की आवश्यकता है।

मधुमेह वाले लोगों को यह भी करवाना चाहिए

रक्त लिपिड (वसा) परीक्षणः विभिन्न प्रकार के कोलेस्ट्रॉल का मूल्यांकन करने के लिए छह महीने में एक बार लिपिड प्रोफाइल का रक्त परीक्षण किया जाता है।

किडनी फंक्शन परीक्षणः मूत्र माइक्रोएल्ब्यूमिन परीक्षण जो मूत्र में प्रोटीन की जाँच करता है, कम से कम साल में एक बार करवाना चाहिए। क्रिएटिनिन, यूरिया, यूरिक एसिड के लिए कम से कम साल में एक बार रक्त परीक्षण करवाएँ। ये परीक्षण किडनी की समस्याओं की जाँच करते हैं।

रक्तचापः हर मेडिकल अपॉइंटमेंट पर अपना रक्तचाप जाँच करवाएँ।

फंडस परीक्षाः रेटिना के लिए विशेष रूप से पूर्ण नेत्र परीक्षण के लिए साल में एक बार किसी नेत्र–चिकित्सक से मिलें।

पैरों की जांचः हर मेडिकल अपॉइंटमेंट पर अपने पैरों की नसों और रक्त परिसंचरण (Blood circulation) की जांच करवाएं।

थायरॉइड प्रोफाइलः अगर मरीज थायरॉइड की समस्या के लिए दवा ले रहा है, तो छह महीने में एक बार अपना थायरॉइड प्रोफाइल जरूर करवाएं।

मधुमेह से पीड़ित लोगों के लिए अपने दांतों की देखभाल और अपने वजन पर नजर रखना भी महत्वपूर्ण है।

मधुमेह एवं गोलियाँ

ब्लड शुगर के कंट्रोल के लिये दवाइयाँ

आजकल बहुत प्रकार की दवाइयाँ उपलब्ध हैं जो शुगर को नियंत्रित करने में सहायक होती हैं। कई दवाइयाँ पेन्क्रीयाज ग्रन्थि पर कार्य करके इन्सुलिन के बनने में, कई दवाइयाँ इन्सुलिन की कार्यक्षमता को बढ़ाकर एवं अन्य दवाइयाँ आँतों में बनने वाले एन्जाइम्स पर असर डालकर कार्य करती हैं।

A. दवाइयाँ जो पेन्क्रीयाज पर असर कर इन्सुलिन की मात्रा को बढ़ाती हैं (i.e. stimulate the Pancreas to secret insulin)—

- Glimipride जो 1, 2, 3, 4 mg की मात्रा में उपलब्ध हैं
- Glibenclamide (डायोनिल) 5 mg की मात्रा

Salt का नाम	बाजार में नाम	मात्रा में उपलब्ध	कितनी बार लेना है
1. Glibenclamide	डायोनिल	5 mg	दो बार
2. Glipizide	ग्लाइनेज	5 mg	दो बार
3. Gliclazide	डायमाइक्रोन ग्लाइजिड	80 mg	एक या दो बार
4. Glimipride	एमरिल, जोरिल, गलिमी एज्युलिक्स इत्यादि	1, 2, 3, 4 mg	एक या दो बार

Meglitinides—यह दवाइयाँ तुरन्त कार्य करती हैं, अतः खाने से 5–10 मिनट पहले ली जाती हैं। ये उन लोगों में अधिक लाभकारी हैं, जिनकी शिफ्ट ड्यूटी हो या जो काल सेन्टर पर कार्य करते हों या जब लोग फॉस्ट रखते हैं।

5. Rapaglinide	नोवानोरम	5 mg, 2 mg खाने के साथ लेना
	यूरेप	5 mg, 1, 2 mg होता है।

6. Natiglinides	नेटी ग्लिनाइड्स	60 mg	एक या दो बार खाने के साथ

B. दवाइयाँ जो इन्सुलिन की कार्यक्षमता बढ़ाती हैं, यह माँसपेशियों एवं लिवर पर कार्य करती हैं, i.e. These drugs reduce insulin resistance—

Salt का नाम	बाजार में नाम	Dose	How to take
1. Biguanides	ग्लाइसीफेज़		
ग्लाइसीफेज़	गलाइकोमेट	50 mg	दो बार
• Metformin	गुलुकोफेज	850 mg	
Glyphase	रायोमेट	1 gm	
	सिटापिन		
2. Thiazolidinediones			
Rosiglitazone	एवेन्डिया	2 mg से	एक या
	रोजीनोरम इत्यादि	8 mg तक	दो बार

अब यह दवा बाजार में मिलनी बन्द हो गई है, हार्ट के रोगियों में इसके साइड इफेक्ट्स की वजह से अब इसको नहीं दिया जाता।

Pioglitazone	पायोगलार	15 mg से	एक या
	पायोज इत्यादि	45 mg तक	दो बार

C. दवाइयाँ जो कार्बोहाइड्रेट्स को आंतों में कम एबजोर्ब होने देती हैं–

• वोगलीवोज	वोलिक्स	.2 to .3 mg	हर खाने के साथ
• Acarbose	गुलोकोबे	25 to 100 mg	या बीच में लिया
• Miglitol		25 to 100 g	जाता है

D. दवाइयाँ जो आंतों में इन्जाइम्स या हारमोन्स पर असर कर ब्लड शुगर को नियंत्रित करती हैं–

1. G.L.P. 1 Analogs

नाम	बाजार में नाम	डोज	कितनी बार
Exenatide इन्जेक्शन	बायटा	5 to 10 mg	दो बार खाने से 30 मिनट पहले
Liraglutide इन्जेक्शन	विक्टोजा	.6 to 1.2	दिन में एक बार

2. D.P.P. 4 Blockers

G.L.P. 1 हारमोन जो आंतों द्वारा बनता है एवं इन्जाइम डाइपेपटीडिल पेप्टीडेज द्वारा बेअसर कर दिया जाता है, दवाइयाँ इस एन्जाइम को ब्लाक करती हैं, अतः इन्हें D.D.P. 4 ब्लाकर कहा जाता है।

Sitagliptin	Januvia	50-100 mg	एक बार
Vildagliptin	Galvus	50-100 mg	एक बार
Suxagliptin	Onglyza	5 mg	एक बार

E. इन्सुलिन द्वारा ब्लड शुगर नियंत्रण

Type of Insulin	Name	Available as	Duration of Action
Rapid Acting	Lispro	Humalog	Start acting with
	Aspart	Novalog	5 to 10 mins. last
	Glulisine	Apidra	last for 5 hours
Short Acting	Regular Human Insulin	Huminsulin-R Actrapid	Action starts 30 to 60 mins. lasts for 6-10 hrs.
Intermediate Acting	N.P.H. Human	Huminsulin-N Lantar-O	Action lasts 10-16 hrs.
Long Acting	Glargine	Lantus	20 to
	Detemir	Levemir	24 hours.

गोलियों के असर (Side Effects)

इन गोलियों से पेट खराब हो सकता है, बदहजमी, उल्टी, उबक, चक्कर एवं खारिश (खुजली) हो सकती है। इन गोलियों का असर, उन लोगों में जो दर्द के लिए भी गोलियां खाते हैं, बढ़ जाता है।

इन दोनों ग्रुप की गोलियों को एक साथ भी खाया जा सकता है एवं कई बार इन दोनों ग्रुप की गोलियों को इन्सुलिन के टीके के साथ भी दिया जाता है।

गोलियों के बारे में मिथ्या

1. सभी प्रकार की गोलियाँ एक जैसी नहीं होती हैं, एक प्रकार की गोली किसी एक व्यक्ति में असरदार होगी वो दूसरे व्यक्ति में कम असर करेगी इसीलिए आपका डॉक्टर आपका वजन एवं कार्यशैली आदि को देख कर ही आपको दवाइयों के बारे में बताता है।
2. कई गोलियों का असर कुछ समय बाद कम हो जाता है अतः आपका डॉक्टर गोलियों की किस्म को बदलता रहेगा।
3. गोलियों को अल्कोहल के साथ न लें।
4. अगर एक डोज नहीं ली गई तो बाद में एक साथ दो गोलियां नहीं लेनी चाहिए।
5. बच्चों में डायबिटीज़ के इलाज़ के लिए गोलियाँ नहीं देते।
6. गर्भवती महिलाओं को जिन्हें मधुमेह रोग है उन्हें गोलियां नहीं लेनी चाहिए क्योंकि इन गोलियों से होने वाले बच्चे के ऊपर बुरे असर पड़ते हैं।

देशी दवाएं एवं मधुमेह

मधुमेह का इतिहास बहुत पुराना है। स्वाभाविक है उस जमाने में भी मधुमेह के रोगी रहे होंगे और वो कुछ न कुछ दवा का सेवन करते रहे होंगे। परन्तु तब आज जैसी परिस्थितियाँ नहीं थी। सभी मनुष्य कठिन परिश्रम करते थे एवं उनका खान-पान भी आज की तरह नहीं था।

आयुर्वेद एवं अन्य पुस्तकों के अनुसार कुछ पेड़ों की पत्तियों या फल या उनके बीजों को मधुमेह रोग को नियंत्रण में करने में सहायक बताया गया है। इनमें से मुख्य हैं–

– गुड़मार के पत्ते
– जामुन की गुठली
– करेला एवं इसके बीज
– नीम की पत्तियां एवं फल (निम्बोली)

- शिलाजीत
- काली मिर्च

इन सबका मिश्रण बना लिया जाता है एवं रोगी को सुबह खाली पेट खाने की सलाह दी जाती है।

मेरे विचार से इन दवाओं का उपयोग वो लोग कर सकते हैं जिनके रक्त में शक्कर की मात्रा 150–180 मि.ग्रा. तक ही रहती हो क्योंकि खाने पर नियंत्रण रखकर नियमित व्यायाम एवं इसका सेवन करने से रोग को नियंत्रित किया जा सकता है।

यह संभव है कि डायबिटीज़ के उपचार की गोलियों के साथ–साथ अगर इनका भी सेवन करें तो गोलियों की मात्रा में कमी हो सकती है। परन्तु कभी भी अपनी नियमित औषधियों को एकदम बन्द कर इस प्रकार की जादुई दवा का सेवन नहीं करना चाहिए। अक्सर ऐसा देखा गया है कि जिनकी बीमारी लगभग नियंत्रण में थी, फिर किसी के कहने पर उसने अपनी दवा छोड़कर इस नई दवाई का सेवन शुरू कर दिया और जब 3–4 महीनों के बाद दुबारा खून का टेस्ट किया तब पता चला कि रक्त में शक्कर का स्तर अब पहले से दुगुना हो गया है।

इन्सुलिन

सन् 1921 में फ्रेडरिक बेन्टिँग और चार्ल्स बेस्ट ने इन्सुलिन का आविष्कार कर दुनिया में मधुमेह के निदान में क्रांतिकारी परिवर्तन किया क्योंकि उससे पहले इन्सुलिन निर्भर मधुमेह Type I Diabetes के रोगी बहुत कम अवस्था तक ही जी पाते थे।

इन्सुलिन जब थोड़े समय के लिए दी जाती है–

1. Type II डायबिटीक महिला जो गर्भवती हो।
2. बहुत सक्रिय संक्रामक रोग, सेप्टीसिमिया, क्षय रोग, जिगर या गुर्दे की बीमारी साथ में हो।
3. डायबिटिक्स जिनकी शल्य चिकित्सा होनी हो जैसे बाई पास सर्जरी या अन्य कोई सर्जरी होनी हो।

इन सभी परिस्थितियों में इन्सुलिन का प्रयोग मात्र थोड़े समय के लिए होता है, जैसे ही उपरोक्त परिस्थितियां समाप्त हो जाती हैं, रोगी दुबारा गोलियां एवं खाने पर नियंत्रण रखकर अपना शुगर कन्ट्रोल कर सकता है। लोगों में एक ऐसी आशंका रहती है कि अगर एक बार इन्सुलिन शुरू कर दी गई तो फिर कभी भी बन्द नहीं होगी, ऐसा नहीं है।

इन्सुलिन दो प्रकार की होती है

एक प्रकार की इन्सुलिन जो कि एनीमल के पेंक्रियाज (अग्नाशय) से पैदा की जाती है एवं दूसरे प्रकार की इन्सुलिन, ह्यूमन इन्सुलिन, हमें E.coli बैक्टीरिया (Bacteria) से एक प्रक्रिया द्वारा उपलब्ध होती है।

इन्सुलिन विशेषकर तीन प्रकार की उपलब्ध है–

1. Conventional या सामान्य इन्सुलिन
2. Purified या शुद्ध इन्सुलिन
3. Human Insulin ह्यूमन इन्सुलिन।

Purified एवं Human इन्सुलिन शुद्ध इन्सुलिन होती है। सभी प्रकार की इन्सुलिन दो तरह की होती हैं–

Regular या Plain जो पानी की तरह दिखाई देती है एवं दूसरी इन्सुलिन जो दूध की तरह दिखाई देती है।

इन्सुलिन

किन डायबिटीज़ के रोगियों को इन्सुलिन की जरूरत होती है–

(अ) बच्चों में टाइप–1 डायबिटीज़ के रोगी।

(ब) गर्भवती महिलाएं जिन्हें डायबिटीज़ है, उन्हें इन्सुलिन के टीके लगाए जाते हैं।

(स) डायबिटिक रोगी जिन्हें कोई संक्रामक रोग है या क्षय रोग या उनका कोई आपरेशन होने जा रहा हो।

(द) जब गोलियों से भी डायबिटीज़ नियंत्रण में न आ रही हो।

(क) उन रोगियों को जिनमें आँखों की बीमारी (Retinopathy) या न्यूरोपैथी (Neuropathy) के लक्षण हों।

नई प्रकार की इन्सुलिन उन व्यक्तियों के लिए उपयुक्त है जिन्हें थोड़े समय के लिए इन्सुलिन की जरूरत है जैसे गर्भवती महिलाएं जिन्हें डायबिटीज़ है या वो लोग जिनका कोई आपरेशन या बाई पास सर्जरी होनी है या उन लोगों को जिन्हें कोई गंभीर संक्रामक (इन्फेक्शन) रोग है।

कैसे इन्सुलिन शुरू करें

कई व्यक्तियों में खास करके टाइप–2 डायबिटीज़ में गोलियों के साथ इन्सुलिन दी जाती है। इन्सुलिन लेने का यह मतलब नहीं कि अब आप खाने पर नियंत्रण न रखें एवं व्यायाम भी न करें। ये दोनों

चीजें बहुत जरूरी हैं। थोड़े समय असर करने वाली इन्सुलिन का असर आधे घण्टे में शुरू हो जाता है एवं 1-2 घण्टे में पूर्ण असर हो जाता है जो 4-6 घंटों में खत्म हो जाता है।

मध्यम समय या इंटरमिडियट एक्टिंग इन्सुलिन का असर चार घण्टे में शुरू हो जाता है जो 18 से 24 घण्टे तक रहता है। ह्यूमेन इन्सुलिन का असर फौरन होने लगता है परन्तु अपेक्षाकृत कम समय तक रहता है।

इन्सुलिन दो Strengths में मिलती है–

40 यूनिट या 100 यूनिट। इसलिए जब आप इन्जेक्शन लगाते हैं तो यह सुनिश्चित कर लें कि सुई या इन्जेक्शन कितने युनिट इन्सुलिन भर सकता है एवं आपको कितनी इन्सुलिन लगाने की सलाह दी गयी है। इन्सुलिन लगाने के लिए जो सिरींज उपयोग में लाई जाती है उसमें 31 नं. गेज की सुई होती है जो कम दर्द करती है।

इन्सुलिन पेन–(नोवोपेन) में इन्सुलिन निर्धारित मात्रा में होती है एवं इसका उपयोग भी सरल है।

इन्सुलिन पंप–यह एक ऐसी मशीन या यंत्र है जिससे पहले से निर्धारित इन्सुलिन की मात्रा स्वतः ही शरीर में इन्जेक्ट होती रहती है।

आजकल इन्सुलिन पम्प मिलते हैं, जिनको शरीर के अंदर ही लगा दिया जाता है परन्तु ऐसे व्यक्ति के रक्त में शक्कर की जांच 4-6 बार करवानी चाहिए। इसकी बहुत ऊंची कीमत एवं अधिक डॉक्टरी खर्च की वजह से हमारे देश में यह प्रचलित नहीं हो पाया। इसलिए कम कीमत पर इन्सुलिन के पेन मिलते हैं, इसमें 100 यूनिट इन्सुलिन होती है। मरीज इसे जेब में रख कर घूम सकते हैं एवं अपने आप लगा सकते हैं।

व्यायाम इन्सुलिन के असर को बढ़ाता है। नियमित एवं नियंत्रित भोजन एवं नियमित व्यायाम से इन्सुलिन की मात्रा नियंत्रित हो जाती है एवं डायबिटीज़ कंट्रोल में रहती है।

इन्सुलिन सुरक्षित रखने के लिए निर्देश

1. जहां तक संभव हो, इन्सुलिन को रेफ्रिजरेटर के अन्दर

निर्धारित तापमान 2 डिग्री. से 8 डिग्री. सेल्सियस (36 डिग्री से 46 डिग्री फॉरेनहाइट) पर रखना चाहिए।

2. जमे हुए इन्सुलिन का प्रयोग बिल्कुल न करें। ध्यान रखें इन्सुलिन को रेफ्रिजरेटर के कूलिंग सिस्टम के बहुत पास अथवा फ्रीजर बॉक्स में कतई न रखें।
3. यदि आप अपने इन्सुलिन को रेफ्रिजरेटर में नहीं रख सकते तो उसे ठंडे व अंधेरे स्थान में रखें।
4. इन्सुलिन को धूप अथवा सूर्य के प्रकाश से दूर रखें अन्यथा उसकी प्रभाव क्षमता कम हो जाएगी।
5. इन्सुलिन को अधिक गर्म स्थान पर न रखें जैसे–
   (क) कार के ड्राइविंग सीट के पास की जगह
   (ख) धूपदार खिड़की के पास
   (ग) कुकिंग रेंज या गैस स्टोव के निकट
   (घ) बिजली के उपकरणों के ऊपर जैसे टेपरिकार्डर, टी.वी. इत्यादि।
6. हवाई जहाज में यात्रा करते समय सारे इन्सुलिन वॉयल अपने साथ केबिन बैग में ही रखें, (सूटकेसों या दूसरे सामानों के साथ नहीं) ताकि यह आपके साथ रहे। यात्रा के समय बीमारी का ख़तरा बना रहता है जिसके कारण आपको अधिक इन्सुलिन की आवश्यकता पड़ सकती है।
7. विदेश यात्रा के समय इन्सुलिन की भरपूर मात्रा अपने साथ रखनी चाहिए क्योंकि हो सकता हैं कि आपको आवश्यकता पड़ने पर अपने ब्रांड की या शक्ति (Strength) की इन्सुलिन न मिले।
8. इन्सुलिन वॉयल जो इस्तेमाल में है उसे कमरे के तापमान (25 डिग्री सेल्सियस) पर करीब एक माह तक रखा जा सकता है। सफेद पड़े, दाने जमे हुए या भूरे हो गए इन्सुलिन का इस्तेमाल बिल्कुल नहीं करना चाहिए।

इन्सुलिन सुरिक्षत रखने के लिए निर्देश

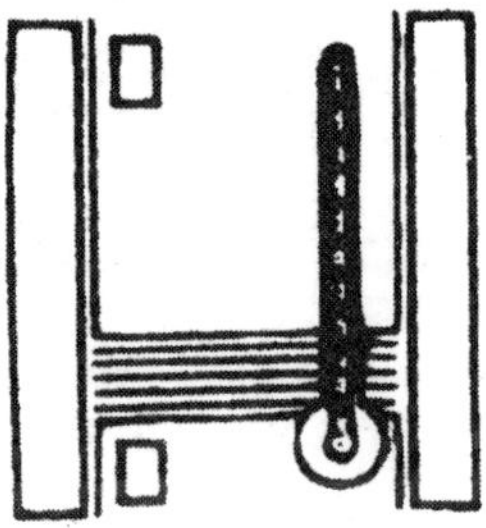

चित्र 1

जहां तक संभव हो, इन्सुलिन को रेफ्रिजरेटर के अन्दर निर्धारित तापमान 2 से 8 डिग्री सेल्सियस (36° से 46° फॉरेनहाइट) पर रखना चाहिए।

चित्र 2

जमे (बर्फीले) हुए इन्सुलिन का प्रयोग बिलकुल न करें। ध्यान रखें इन्सुलिन को रेफ्रिजरेटर के कूलिंग सिस्टम के बहुत पास अथवा फ्रीजर बॉक्स में कतई न रखें।

चित्र 3

यदि आप अपने इन्सुलिन को रेफ्रिजरेटर में नहीं रख सकते तो उसे ठंडे व अंधेरे स्थान में रखें।

चित्र 4

इन्सुलिन को धूप अथवा सूर्य के प्रकाश से दूर रखें अन्यथा उसकी प्रभाव क्षमता कम हो जाएगी।

इन्सुलिन सुरिक्षत रखने के लिए निर्देश

चित्र 5

चित्र 6

इन्सुलिन को अधिक गर्म स्थान पर न रखें जैसे–

(क) कार के ड्राइविंग सीट के पास ही जगह

(ख) धूपदार खिड़की के पास

(ग) कूकिंग रेंज या गैस स्टोव के निकट

(घ) बिजली के उपकरणों के ऊपर टेपरिकार्डर, टी.वी. इत्यादि।

चित्र 7

हवाई जहाज में यात्रा करते समय सारे इन्सुलिन वॉयल अपने साथ केबिन बैग में ही रखें, (सूटकेसों या दूसरे सामानों के साथ नहीं) ताकि यह आपके साथ रहे।

चित्र 8

यात्रा के समय बीमारी का ख़तरा बना रहता है जिसके कारण आपको अधिक इन्सुलिन की आवश्यकता पड़ सकती है।

चित्र 9

विदेश यात्रा के समय इन्सुलिन की भरपूर मात्रा अपने साथ रखनी चाहिए क्योंकि हो सकता है कि आपको आवश्यकता पड़ने पर अपने ब्रांड की या शक्ति की इन्सुलिन न मिले।

इन्सुलिन वॉयल जो इस्तेमाल में है उसे कमरे के तापमान (25 डिग्री सेल्सियस) पर करीब एक माह तक रखा जा सकता है। सफेद पड़े, दाने जमे हुए या भूरे हो गए इन्सुलिन का इस्तेमाल बिल्कुल नहीं करना चाहिए।

इन्सुलिन लगाने के बारे में जानकारी

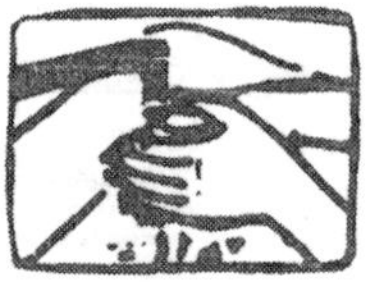

1. अपने हाथों को पूर्णरूप से धोइए।

2. यदि आप एन.पी.एच. का उपयोग कर रहे हैं अथवा कोई अन्य इन्सुलिन जो कि अधिक अवधि तक टिकाऊ इन्सुलिन, उसे अपने हाथों के बीच में धीरे-धीरे बोतल को घुमाकर इन्सुलिन को मिलाएं। कभी भी बोतल को नहीं हिलाएं।

3. इन्सुलिन बोतल में लगे रबर डाट को अल्कोहल से भीगे फाहे से साफ करें एवं सूखने दे।

4. प्लंजर को बाहर खींचते हुए लगभग मात्रा के बराबर हवा को सिरिंज में खींचें।

5. बोतल को खड़ा रखते हुए, बोतल पर रबर डाट में सूई को अन्दर डालें तथा प्लंजर को नीचे ढकेलें। यह हवा को बोतल में ढकेलता है और बोतल में से इन्सुलिन को बाहर निकालने में आसान बनाता है।

6. बोतल और सिरिंज को उलटा कर दें। करीब पांच इकाई मात्रा तक प्लंजर को धीरे से खींचिए। यदि कोई बुलबुला न हो, तो प्लंजर के ऊपरी छोर को उस निशान तक धकेलें, जो आपकी सही मात्रा को चिन्हित करता है।

7. यदि आपकी सिरिंज में हवा के बुलबुले हैं तो उन्हें दूर करें। अपनी उंगली से जहां बुलबुले हों सिरिंज पर धीरे से मारें अथवा थपथपाइए।
8. सिरिंज को बोतल से निकालिए। जब तक आप इंजेक्शन लगाने के लिए तैयार नहीं होते तब तक भरी हुई सिरिंज को समतल स्थान पर रखें। सावधान रहें, सूईं को कहीं स्पर्श न होने दें, जिससे सूईं को क्षति या संदूषण से बचाया जा सके।

इन्सुलिन मिलाने का तरीका

जल्दी असर करने वाली (पारदर्शी) इन्सुलिन तथा देर तक असर दिखाने वाली (धुंधली) इन्सुलिन को एक ही सिरिंज में कैसे मिलाएं–

1. खाली सिरिंज में निर्धारित धुंधली इन्सुलिन की मात्रा के बराबर हवा खींचें।
2. हवा को धुंधली इन्सुलिन वाले वॉयल में भर दें परन्तु इन्सुलिन न खींचें।
3. सूईं को बाहर निकाल लें और वॉयल को एक तरफ रख दें।
4. खाली सिरिंज में पारदर्शी इन्सुलिन की निर्धारित मात्रा के बराबर हवा खींचें तथा हवा को पारदर्शी इन्सुलिन के वॉयल में भर दें।
5. वॉयल को उल्टा कर पारदर्शी इन्सुलिन की बताई गई मात्रा से थोड़ी अधिक मात्रा सिरिंज में खींच लें।
6. अब वॉयल को आंख के स्तर पर रखें तथा मात्रा से अधिक खींची हुई इन्सुलिन को हवा के बुलबुलों के साथ वॉयल में वापस भर दें। इसके बाद सूईं बाहर निकाल लें।

इन्सुलिन मिलाने का तरीका

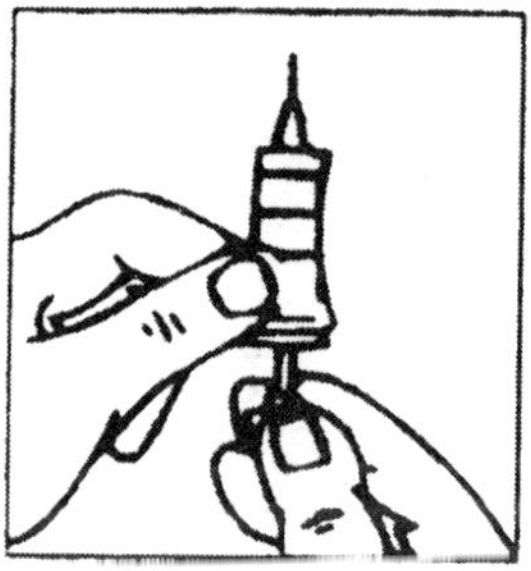

चित्र 1

खाली रिरिंज में निर्धारित धुंधली इन्सुलिन की मात्रा के बराबर हवा खींचें।

चित्र 2

हवा को धुधली इन्सुलिन वाले वॉयल में भर दें परन्तु इन्सुलिन न खींचें।

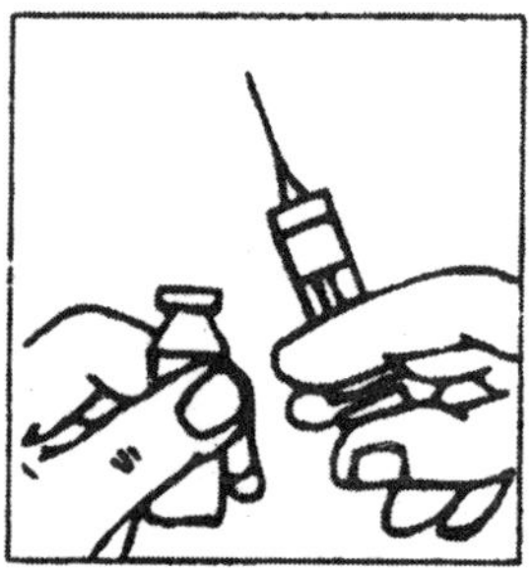

चित्र 3

सूईं को बाहर निकाल लें और वॉयल को एक तरफ रख दें।

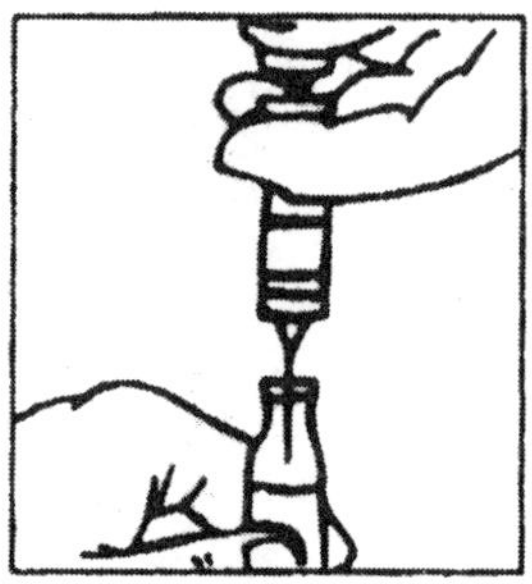

चित्र 4

खाली सिरिंज में पारदर्शी इन्सुलिन की निर्धारित मात्रा के बराबर हवा खींचें तथा हवा को पारदर्शी इन्सुलिन के वॉयल में भर दें।

इन्सुलिन मिलाने का तरीका

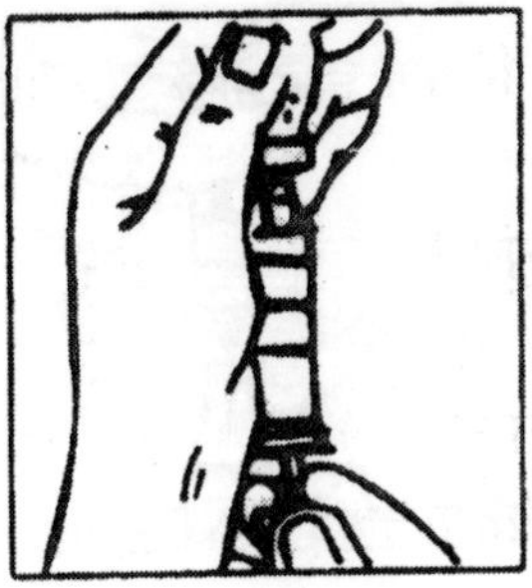

चित्र 5

वॉयल को उल्टा कर पारदर्शी इन्सुलिन की बताई गई मात्रा से थोड़ी अधिक मात्रा सिरिंज में खींच लें।

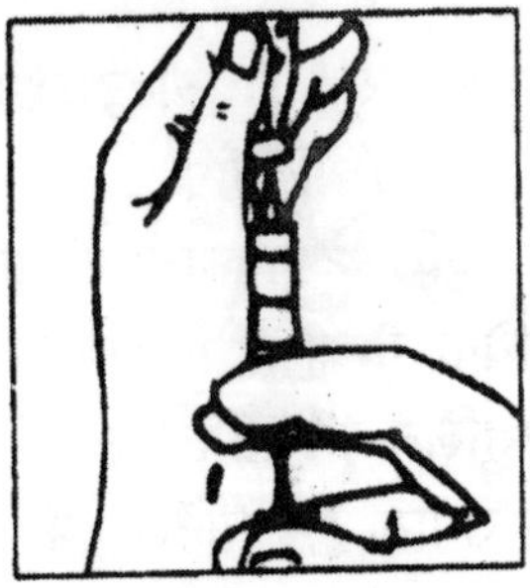

चित्र 6

अब वॉयल को आंख के स्तर पर रखें तथा मात्रा को अधिक खींची हुई इन्सुलिन को हवा के बुलबुलों के साथ वॉयल में वापस भर दें। इसके बाद सूईं बाहर निकाल लें।

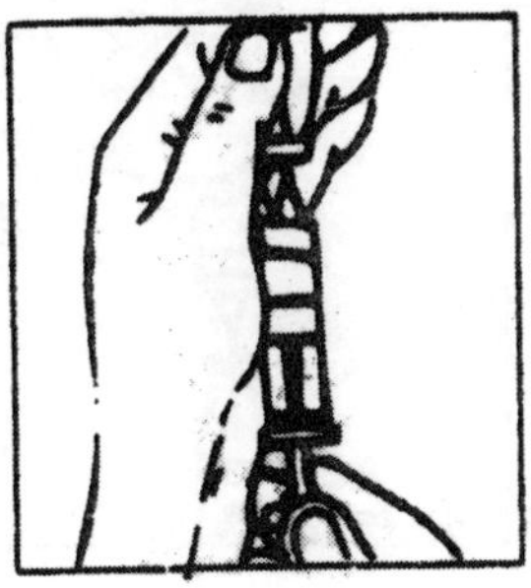

चित्र 7

अब धुंधली इन्सुलिन वाला वॉयल लें जिसमें हवा भरी हुई थी। सूईं अन्दर डालकर बताई गई निर्धारित मात्रा सिरिंज में खींच लें।

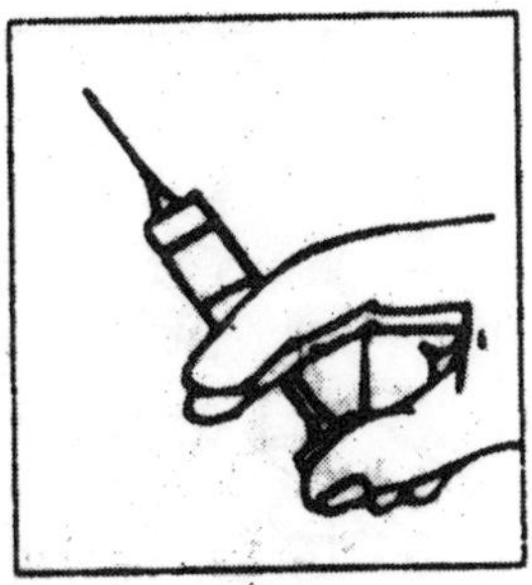

चित्र 8

सूईं को बाहर निकाल लें। अब यह मिश्रण इस्तेमाल के लिए तैयार है।

7. अब धुंधली इन्सुलिन वाला वॉयल लें जिसमें हवा भरी हुई थी। सूईं अन्दर डालकर बताई गई निर्धारित मात्रा सिरिंज में खींच लें।
8. सूईं को बाहर निकाल लें। अब यह मिश्रण इस्तेमाल के लिए तैयार है।

यदि असावधानी के कारण सिरिंज में धुंधली इन्सुलिन मात्रा से अधिक मात्रा में निकल आए तो गलती को सुधारने के लिए धुंधली इन्सुलिन की अधिक मात्रा को वॉयल में वापस न डालें। अब सिर्फ एक ही उपाय है, सिरिंज को खाली कर पूरी प्रक्रिया फिर से शुरू करें।

इन्सुलिन इंजेक्शन लगाने का तरीका

आपको चाहिए इन्सुलिन, एक सिरिंज (जिसमें 31 No. सूईं हो) रूई और हाँ, अपने हाथों को पहले अच्छी तरह से धो लें।

1. इन्सुलिन की शक्ति के अनुसार उचित इन्सुलिन सिरिंज चुनिए। जैसे 40 आई.यू. इन्सुलिन के लिए 40 आई.यू. इन्सुलिन सिरिंज ही इस्तेमाल करें। सूईं को सिरिंज पर लगाएं। सूईं को न छुएं।
2. यदि आप धुंधली इन्सुलिन इस्तेमाल कर रहे हैं तो उसके वॉयल को दो–चार बार उलट कर हिलाएं ताकि उसके तत्व ठीक से मिल जाएं।
3. सिरिंज में बताई गई इन्सुलिन मात्रा के बराबर हवा खींचें।
4. वॉयल को उलट कर आंख की सीध में रखते हुए उसमें सिरिंज में खींची हवा भर दें।
5. सिरिंज में पर्याप्त इन्सुलिन खींचे। सिरिंज में भर आए हवा के बुलबुलों को हल्के से हिलाकर हटाएं।
6. आवश्यकता से अधिक इन्सुलिन की मात्रा को वॉयल में वापस भर दें तथा सूईं को वॉयल से खींच लें।

7. सूईं लगाने वाली जगह की त्वचा अच्छी तरह से बटोर कर पकड़ लें तथा सूईं को 45 डिग्री के कोण से त्वचा के अन्दर घुसाएं।

8. इन्सुलिन को धीरे-धीरे अन्दर जाने दें। फिर एक उंगली से इंजेक्शन स्थल को दबाकर सूईं को बाहर निकाल लें।

9. इंजेक्शन लगाने के स्थान को बदलते रहें, क्योंकि एक ही जगह इंजेक्शन लगाने से त्वचा के नीचे घाव पड़ सकते हैं।

नष्ट किए जा सकने वाले (डिस्पोजेबल सिरिंज) को अवश्य नष्ट कर दें ताकि ये दूसरों को नुकसान न पहुंचा सकें। शीशे व धातु के सिरिंज आजकल इस्तेमाल नहीं किये जाते। अगर syringe available नहीं हैं सिरिंज के अवयवों को 10 मिनट तक पानी में उबालें। सिरिंज उबालने का बर्तन किसी अन्य कार्य के लिए प्रयोग न करें। उबालने के तुरन्त बाद उसके अवयवों को उठा लें। कोशिश करें कि डिस्पोजेबल सिरिंज ही प्रयोग में लाई जाए।

इन्सुलिन लगाना

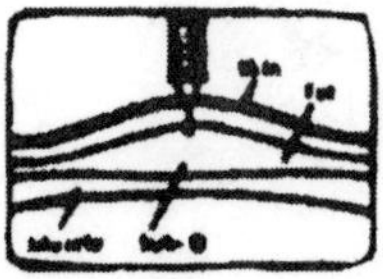

1. इंजेक्शन लगाने के लिए ऐसी जगह चुनें जहां अवत्वचीय टिश्यू हों। इस तरह का टिश्यू ठीक त्वचा के नीचे चर्बी की परत तथा उसके नीचे स्थित मांसपेशियों की परत के बीच स्थित होती है। शरीर में स्थित क्षेत्र जहां अवत्वचीय टिश्यू होती है उनमें ये स्थान सम्मिलित हैं। भुजाओं के ऊपर का तथा बाहर का क्षेत्र, जांघों का अग्रभाग, कूल्हा, कमर के ठीक ऊपर पीछे की बाजू, उदर, (नाभि के इर्द-गिर्द का क्षेत्र तथा कमर का घेरा छोड़कर)। पृष्ठ 37 का डायग्राम देखें।

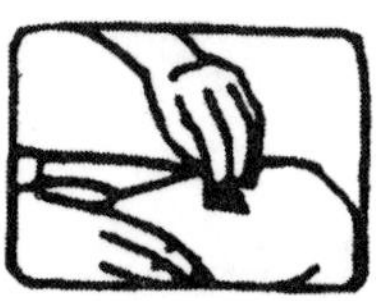

2. इंजेक्शन के स्थान को अल्कोहल के फाहे से साफ कर लें। फाहे को गोलाकार घुमाएं। केन्द्र से प्रारंभ कीजिए और बाहर की ओर चलें। एल्कोहल सूखने के लिए कुछ सेकेण्ड रुक जाइए।

3. सिरिंज को सावधानी से उठाइए, सूईं को किसी से स्पर्श न होने दें। अगर आपने सूईं की सुरक्षा के लिए सूईं का कवच बदला हो तो उसे निकालिए। हल्के से त्वचा की दो इंच फोल्ड की चिकोटी भर लें। जल्द गति से सूईं त्वचा में चुभों दें। सामान्यतः इंजेक्शन कोण 45 तथा 90 के बीच का होता है।

4. त्वचा के दो इंच फोल्ड को मुक्त कीजिए। एक हाथ का उपयोग सिरिंज के बैरेल को स्थिर पकड़ने के लिए करें, इन्सुलिन देने के लिए दूसरे हाथ से प्लंजर को दबाइए। इन्सुलिन का इंजेक्शन 3 से 5 सेकेण्ड में पूरा होना चाहिए।

5. जब इंजेक्शन खत्म हो जाएगा तब एल्कोहल के फाहे को इंजेक्शन के स्थान पर पकड़िए। सूईं को त्वचा से सीधे बाहर खींचे तथा स्थान को एल्कोहल के फाहे से हल्के से पोछें। स्थान को मसलिए नहीं।

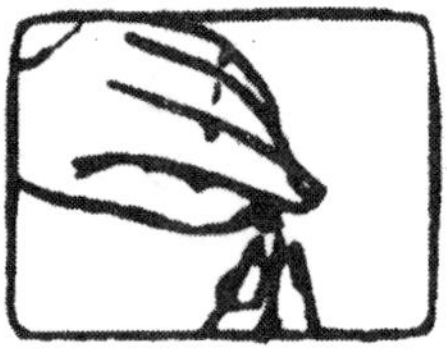

6. सूईं के कवच का उपयोग करते हुए सूईं को पीछे से तथा आगे से तब तक मोड़िए जब तक कि वह न टूटे। यह सिरिंज के दुरुपयोग को रोकता है। इंजेक्शन के स्थान एवं समय को कैलेन्डर या चार्ट पर रिकार्ड कीजिए।

विभिन्न प्रकार के इन्सुलिन जो उपलब्ध हैं–

1. तुरन्त असर करने वाली इन्सुलिन। इन्हें **प्लेन इन्सुलिन** भी कहते हैं।
   (i) – एक्ट्रापिड
   (ii) – हम इन्सुलिन-R
   (iii) – ह्यूमन मानोटार्ड
   (iv) – इन्सुमान रेपिड

2. लम्बे समय तक असर करने वाली इन्सुलिन (8–24 घंटे)–

- आइलेटिन-एल
- लेन्टार्ड
- हम इन्सुलिन-एल
- एन.पी.एच. इन्सुलिन
- इन्सुलिटार्ड
- आइलेटिन-एन
- हम इन्सुलिन-एन
- मिक्सटार्ड (Mixtard)
- इन्सुमान 25/75
- हम इन्सुलिन 30/70
- हम इन्सुलिन 50/50
- इन्सुमान 50/50
- Mixtard Penfil 50/50
- हम इन्सुलिन–50 : 50 हम इन्सुलिन–10 : 90

24 घण्टे तक काम करने वाली इन्सुलिन–

- लेन्टस (Lantus)
- लिवामिर (Levemir)

इन्जेक्शन का स्थान परिवर्तन

रोज इन्जेक्शन एक ही स्थान पर न लगायें नियमित रूप से इन्जेक्शन की जगह बदलते रहें नहीं तो वहां गांठ बनने की सम्भावना बढ़ जाती है।

यहां वर्णित स्थान परिवर्तन पद्धति ऐसे लोगों के लिए है जो दिन में केवल एक बार इंजेक्शन लगाते हैं।

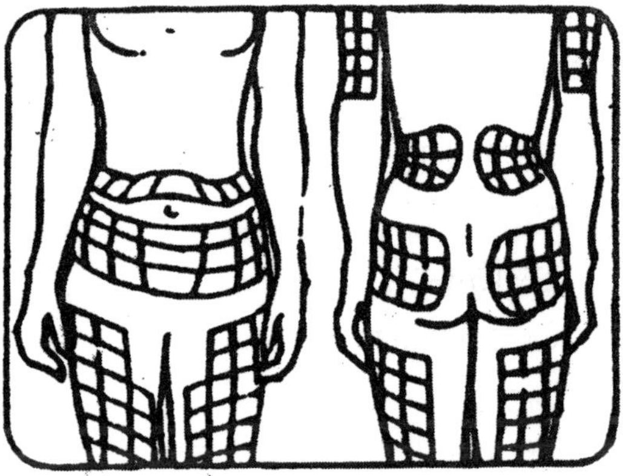

चित्र में दिखाए गए स्थानों में से किसी एक स्थान को चुनें। प्रत्येक इंजेक्शन के लिए पृथक् स्थान का उपयोग करते हुए इस स्थान का एक हफ्ते के लिए इस्तेमाल करें। इंजेक्शन लगभग 1.5 इंच या एक पृथक् ऊंगली की लम्बाई के बराबर होना चाहिए। अगले हफ्ते इन्सुलिन इंजेक्शन के लिए शरीर के नए स्थान को चुनें।

विश्व में डायबिटीज़ के बढ़ते रोगियों की संख्या ने यह शंका पैदा कर दी है कि अगर कहीं वो पशु जिनका पेंक्रियाज इन्सुलिन बनाने के लिए प्रयोग किया जाता है, कम हो जाएं तब क्या होगा यही सोच कर ह्यूमन या मानव इन्सुलिन का निर्माण शुरू हुआ।

ह्यूमन इन्सुलिन के क्या फायदे हैं

1. इस प्रकार के इन्सुलिन की उपलब्धि हमेशा रहेगी।
2. इससे कोई एलर्जी नहीं होती।

इन्सुलिन के असर पर प्रभाव डालने वाले कारण

1. अगर संक्रामक रोग या शरीर में कहीं पर इन्फेक्शन है।
2. अगर आप चुस्त हैं, व्यायाम करते हैं तो इन्सुलिन कम मात्रा में लेनी होगी।

3. **वजन**–अगर वजन अधिक होगा तो इन्सुलिन की आवश्यकता अधिक होगी।
4. **मानसिक तनाव**–अत्यधिक मानसिक तनाव वाली स्थिति में इन्सुलिन की जरूरत अधिक होती है।
5. **गर्भावस्था**–सामान्यतः गर्भावस्था के 12 सप्ताह से इन्सुलिन की आवश्यकता बढ़ जाती है।

दवाएं

कई दवाएं जैसे डायटाइड या प्रेडनीसोलोन या स्टीरोइड दवाएं इन्सुलिन की जरूरत को बढ़ा देती है।

प्लेन इन्सुलिन का असर तेज व शीघ्र होता है मध्यम व दीर्घ अवधि तक कार्य करने वाली इन्सुलिन की अपेक्षा।

समयावधि

कम समय में कार्य करने वाली इन्सुलिन-फौरन से 2-3 घण्टे मध्यम समय में कार्य करने वाली इन्सुलिन-15 मिनट से 5-6 घण्टे लम्बे समय में कार्य करने वाली इन्सुलिन का 18 से 24 घण्टे तक असर रहता है।

किन लोगों को दो बार टीके की जरूरत पड़ती है

1. जिन लोगों के रक्त में शक्कर का स्तर खाली पेट के समय 200 मि.ग्रा. से अधिक हो।
2. एक बार पूरी मात्रा में इन्सुलिन लगाने से एकाएक Blood Sugar बहुत कम हो सकता है। इसलिए इनको इन्सुलिन दो भागों में बांट कर सुबह नाश्ते से पहले व रात खाने से पहले दी जाती हैं।

कई बार इन्सुलिन के टीके के साथ गोलियां खाने की भी सलाह दी जाती है लेकिन यह केवल उन्हीं लोगों में होता है जो कि टाइप-2 डायबिटीज़ के मरीज हों।

इन्सुलिन के टीके की जटिलताएं (Complications)

1. हायपोग्लाइसीमिया
2. इंजेक्शन की जगह पर गड्ढा पड़ जाना (Atrophy)
3. इंजेक्शन की जगह मोटी हो जाना (Hypertrophy)
4. इंजेक्शन की जगह एलर्जी या खुजली होना
5. इन्सुलिन का असर न होना (Insulin Resistance)
6. इन्सुलिन की जगह पर फोड़ा या Abcess हो जाना।

इन्सुलिन लगाने के तरीके

1. **इन्सुलिन सिरिंज**–इसमें 31 नं. की सूईं का इस्तेमाल करते हैं जिससे दर्द भी नहीं होता।
2. **इन्सुलिन पंप**–ये छोटे मोबाइल फोन के आकार के होते हैं इसके एक भाग में इन्सुलिन रखी जाती है जिससे संचालित रूप में थोड़ी मात्रा में 24 घण्टे इन्सुलिन जाती रहती है। एक रबर केथीटर द्वारा इन्सुलिन सूईं द्वारा शरीर में प्रविष्ट कराई जाती है। यह सूईं पेट में लगती है।
3. **इन्सुलिन पैन**–यह एक सरल तरीका है और उन लोगों के लिए उपयोगी है जिनको दिन में कई बार टीके की जरूरत होती है।
4. **पेंक्रियाज प्रत्यारोपण**–पेंक्रियाज को किसी मृत व्यक्ति के शरीर से निकाल कर मधुमेह के रोगी के शरीर में प्रत्यारोपित कर दिया जाता है। यह क्रिया अभी उतनी उपयोगी सिद्ध नहीं हुई है। हां, अगर गुर्दों के साथ-साथ पेंक्रियाज का प्रत्यारोपण किया जाए तो नतीजे श्रेयस्कर हो सकते हैं।

इन्सुलिन पम्प के गुण और खामियां

इन्सुलिन पम्प एक ऐसा छोटा सा कम्पयुटरीकृत यंत्र है जो सारे दिन आपके शरीर में इन्सुलिन की आपूर्ति करता है। पम्प स्वयं, पैन्क्रियाज द्वारा इन्सुलिन छोड़ने की प्रक्रिया की नकल करने का प्रयास करता है लेकिन इसके लिए आपको अपनी इन्सुलिन की मात्रा की जानकारी अपने पम्प को देनी होगी। पम्प दो तरीकों से इन्सुलिन प्रदान करता है–एक बेसल रेट द्वारा जिसमें लगातार इन्सुलिन की आपूर्ति होती रहती है। इस प्रक्रिया में इन्सुलिन की छोटी-छोटी मात्रा भोजनकाल के बीच तथा रातभर शरीर में ग्लूकोज की मात्रा को संतुलित रखती है; तथा दूसरे बोलस रेट द्वारा जिसमें भोजन से पहले इन्सुलिन की बड़ी मात्रा दी जाती है जो आपके भोजन के प्रभावों को नियंत्रित करती है।

पम्प को सुरक्षित व कारगर रूप से इस्तेमाल करने के लिए आवश्यक है कि–

- आप प्रतिदिन कम से कम चार बार अपने रक्त में ग्लूकोज की जांच करें।
- सेवित कार्बोहाइड्रेट की गणना करते रहें।
- रक्त में ग्लूकोज के स्तर, कार्बोहाइड्रेट की मात्रा व सारे दिन की शारीरिक गतिविधियों के हिसाब से अपनी इन्सुलिन की खुराक तय करें।

पम्प से उपचार के प्रमुख लाभ

- इससे जीवनशैली में लचीलापन आता है।
- इन्सुलिन की आपूर्ति की जानकारी मिलती है।
- तय इन्सुलिन की आपूर्ति होती है।

- इसमें इन्सुलिन की इकाई के 1/10 अंश तक की सही आपूर्ति की योग्यता है।
- रक्त ग्लूकोज पर पक्का नियंत्रण और निम्न रक्त ग्लूकोज के जोखिम में कमी आती है।
- गंभीर हाइपोग्लाइसीमिया के प्रकोप में कमी आती है।
- रक्त ग्लूकोज में अचानक हुए बड़े उतार–चढ़ाव में कमी आती है।
- "डॉन फिनौम्ना" के नियंत्रण में मदद मिलती है।

पम्प के प्रयोग की कुछ खामियां

- प्रवेश स्थल पर त्वचा के संक्रमण का खतरा।
- पम्प के गलत परिचालन से डायबेटिक केटोएसीडोसिस का खतरा।
- पम्प काफी महंगा है और इसकी परिचालन लागत भी अधिक है।
- इसके होने से दूसरे को आपके मधुमेह ग्रस्त होने की जानकारी मिल जाती है।

क्या आपको इस इन्सुलिन पम्प उपचार की आवश्यकता है? इसे जानने के लिए आप स्वयं से निम्नलिखित प्रश्नों का उत्तर पूछें?

- क्या आप किसी ऐसे यंत्र का प्रयोग करना चाहेंगे जिससे दूसरों को यह मालूम पड़े कि आप मधुमेह से पीड़ित हैं?
- क्या आप यथार्थवादी हैं? पम्प कोई ऐसा जादुई चिराग नहीं है जो आपके रक्त ग्लूकोज की सभी समस्याओं का निदान कर सके।
- क्या आप पम्प की तकनीक और उसको परिचालन के तरीके के प्रति सहज हैं?
- क्या आप प्रतिदिन कम से कम 4 बार अपने रक्त में ग्लूकोज के स्तर की जांच करने के लिए तैयार हैं?
- क्या अपनी समस्या को दूर करने के लिए इन्सुलिन, कार्बोहाइड्रेट और शारीरिक गतिविधियों के स्तर की निरंतर जानकारी बनाये रखने के लिए तैयार हैं?
- क्या आपका स्वास्थ्य देखभाल दल इन्सुलिन पम्प का जानकार है?

आहार

मधुमेह आहार जैसी कोई चीज नहीं है। हालाँकि, अपने आहार को पौष्टिक, कम वसा वाले, उच्च फाइबर वाले खाद्य पदार्थों पर केंद्रित करना महत्वपूर्ण है क्योंकि पोषण मधुमेह को नियंत्रित करने में महत्वपूर्ण भूमिका निभाता है। सप्ताह के अधिकांश दिनों में अच्छी तरह से खाना और शारीरिक रूप से सक्रिय रहना आपके ब्लड शुगर के स्तर, रक्तचाप और कोलेस्ट्रॉल को आपके लक्षित श्रेणियों में रखने में आपकी मदद कर सकता है।

आपको क्या खाना चाहिए

1. स्वस्थ कार्बोहाइड्रेट चुनें

सभी कार्बोहाइड्रेट ब्लड शुगर के स्तर को प्रभावित करते हैं, इसलिए यह जानना महत्वपूर्ण है कि किन खाद्य पदार्थों में कार्बोहाइड्रेट होते हैं। स्वस्थ खाद्य पदार्थ चुनें जिनमें कार्ब्स होते हैं और अपने हिस्से के आकार के बारे में जागरूक रहें।

कार्ब काउंटिंग भोजन योजना का एक रूप है जिसका उपयोग मधुमेह वाले लोग अपने ब्लड शुगर के स्तर को प्रबंधित करने में मदद के लिए करते हैं।

मधुमेह वाले लोगों को अपने खाने के बारे में सावधान रहना चाहिए। कुछ खाद्य पदार्थों का अधिक सेवन करने से लगातार ब्लड शुगर जल्दी बढ़ जाता है।

कार्बोहाइड्रेट दो प्रकार के होते है।

(i) सिम्पल (Simple)

(i) कॉम्पलेक्स (Complex)

सिम्पल कार्बोहाइड्रेट बहुत जल्दी हज़म हो जाते है जिससे तुरन्त ऊर्जा (Energy) मिलती है जबकि कॉम्पलेक्स कार्बोहाइड्रेट धीरे-धीरे हज़म होते हैं और काफी समय तक ऊर्जा मिलती रहती हैं।

मधुमेह से पीड़ित कई लोगों को अपने ब्लड शुगर के स्तर को नियंत्रित करने के लिए भोजन में हर बार कार्बोहाइड्रेट की संख्या गिनने की आवश्यकता होती है। लोग इसे **कार्ब काउंटिंग** कहते हैं।

- कार्ब काउंटिंग में पहला कदम यह पहचानना है कि किन खाद्य पदार्थों में कार्बोहाइड्रेट होते हैं और ये कार्बोहाइड्रेट कितनी तेजी से blood sugar के स्तर को बढ़ाएँगे।
- लोग इसकी गणना करने के लिए **ग्लाइसेमिक इंडेक्स (जीआई)** नामक प्रणाली का उपयोग कर सकते हैं। हर भोजन का एक जीआई होता है, जिसमें उच्च स्कोर blood sugar पर भोजन के तेज प्रभाव को दर्शाता है।

ग्लाइसेमिक इंडेक्स

ग्लाइसेमिक इंडेक्स कार्बोहाइड्रेट की ब्लड शुगर को बढ़ाने की क्षमता है।

यह भोजन के बाद ब्लड शुगर के स्तर पर आधारित खाद्य पदार्थों का मात्रात्मक मूल्यांकन है।

ये मात्राएँ व्यक्ति के वजन, ऊँचाई, गतिविधि के स्तर और वे कोई दवाएँ ले रहे हैं या नहीं, सहित कई कारकों के अनुसार अलग-अलग होंगी।

कार्बोहाइड्रेट की गणना

जब किसी व्यक्ति को यह गणना करनी होती है कि वह प्रतिदिन कितने कार्ब्स का सेवन कर सकता है, तो यह जानना महत्वपूर्ण है कि किन खाद्य पदार्थों में कार्बोहाइड्रेट होते हैं, उनमें कितनी कैलोरी होती है और उनका कैलोरी और GI मान कितना है।

सामान्य तौर पर, 1 ग्राम (g) कार्बोहाइड्रेट लगभग 4 कैलोरी प्रदान करता है

उदाहरण के लिए, निम्नलिखित खाद्य पदार्थों की प्रत्येक सर्विंग में लगभग 15 ग्राम कार्बोहाइड्रेट होता है–

- ब्रेड का एक पीस
- पास्ता या चावल का एक तिहाई कप
- एक छोटा सेब
- जेली का एक बड़ा चमचा
- आधा कप स्टार्च वाली सब्जियाँ, जैसे मसले हुए आलू।

हालाँकि, गैर–स्टार्च वाली सब्जियों में प्रति सर्विंग केवल 5 ग्राम कार्बोहाइड्रेट होता है। इसका मतलब है कि मधुमेह से पीड़ित व्यक्ति सुरक्षित रूप से स्टार्च वाली सब्जियों की तुलना में तीन गुना अधिक गैर–स्टार्च वाली सब्जियाँ खा सकता है।

उच्च कार्बोहाइड्रेट सामग्री वाले खाद्य पदार्थ

जिन खाद्य पदार्थों में कार्बोहाइड्रेट होते हैं, उनमें निम्नलिखित शामिल हैं–

- **अनाजः** ब्रेड, पास्ता, ओटमील, कुछ प्रकार के नूडल, क्रैकर्स, अनाज, चावल और क्विनोआ।
- **फलः** सेब, केला, जामुन, आम, खरबूजे, संतरे और अंगूर।
- **डेयरीः** दूध और दही।
- **फलियांः** बीन्स, दाल और मटर।
- **स्नैक्सः** केक, कुकीज, कैंडी और अन्य मीठे डेजर्ट–प्रकार के खाद्य पदार्थ कार्बोहाइड्रेट के पोषण संबंधी कमजोर स्रोत हैं।
- **ड्रिंकः** जूस, सॉफ्ट ड्रिंक, स्पोर्ट्स ड्रिंक और शुगरी एनर्जी ड्रिंक।
- **सब्जियाँः** कुछ सब्जियों में दूसरों की तुलना में ज़्यादा कार्बोहाइड्रेट होते हैं।

कार्बोहाइड्रेट को सावधानी से चुनना और यह ध्यान रखना कि इसे कब और कितना खाया जाए, इसका मतलब है कि मधुमेह से पीड़ित व्यक्ति को अपने पसंदीदा खाद्य पदार्थों को खाना पूरी तरह से छोड़ने की जरूरत नहीं है।

स्टार्च वाली और बिना स्टार्च वाली सब्जियाँ

स्टार्च वाली सब्जियों में गैर-स्टार्च वाली किस्मों की तुलना में ज़्यादा कार्बोहाइड्रेट होते हैं।

स्टार्च वाली सब्जियों में शामिल हैं–

- आलू
- शकरकंद
- मटर
- कद्दू
- ताजा चुकंदर

गैर-स्टार्च वाली सब्जियों में शामिल हैं–

- ब्रोकोली
- गाजर
- हरी बीन्स
- सलाद
- साग
- शिमला मिर्च
- पालक
- टमाटर
- तोरी

कार्ब काउंटिंग के फायदे

- कार्ब काउंटिंग से मेटाबॉलिक नियंत्रण अच्छा हो सकता है और ग्लाइकोसिलेटेड हीमोग्लोबिन (HbA1c) को कम कर सकता है।

- यह हाइपोग्लाइकेमिया की एपिसोड को कम कर सकता है।
- भोजन के बाद ग्लूकोज को बेहतर बनाने में संभावित लाभकारी प्रभाव हो सकते हैं।
- इसके अलावा, इसे इन्सुलिन की अधिक सटीक गणना करने के लिए वसा और प्रोटीन की गिनती के साथ एकीकृत किया जा सकता है।
- कार्ब की गिनती का मेटाबॉलिज़्म नियंत्रण पर सकारात्मक प्रभाव हो सकता है।
- हाइपोग्लाइसीमिया की घटनाओं को कम कर सकता है, जीवन की गुणवत्ता में सुधार कर सकता है, और ऐसा लगता है कि यह बॉडी मास इंडेक्स को प्रभावित किए बिना करता है।

अनाज का विकल्पः मिलेट

- मिलेट सेहत के लिए अच्छा होता है।
- मिलेट मोटे अनाज हैं जो 5000 वर्षों से अधिक समय से भारत में उगाए और खाए जाते हैं।
- ये प्रोटीन, विटामिन, और फाइबर से भरपूर होते हैं।
- मिलेट में आयरन, कैल्शियम और फास्फोरस जैसे महत्वपूर्ण पोषक तत्व होते हैं।
- उन्हें पचने में समय लगता है, जिससे आसानी से ब्लड शुगर नहीं बढती है। इसलिए अपने आहार में मिलेट शामिल करने से मधुमेह को नियंत्रित करने में मदद मिल सकती है।

मिलेट के प्रकार

1. फॉक्सटेल मिलेट/फॉक्सटेल बाजरा

फॉक्सटेल मिलेट, या स्वदेशी रूप से काकुम/कंगनी कहा जाता है। यह एक पौष्टिक ग्लूटेन मुक्त अनाज है जो चावल व गेंहू के विकल्प

के रूप में इस्तेमाल किया जा सकता है। इसमें मौजूद आयरन और कैल्शियम की मात्रा इम्यूनिटी को मजबूत करने में भी मदद करती है। इसके अलावा, फॉक्सटेल मिलेट आपके कोलेस्ट्रॉल को नियंत्रित करने और आपके शरीर में एचडीएल कोलेस्ट्रॉल के स्तर को बढ़ाने में मदद करता है।

2. रागी

रागी ग्लूटेन-मुक्त और प्रोटीन से भरपूर है। माना जाता है कि रागी बढ़ते बच्चों के दिमाग के विकास में सहायता करता है।

3. बाजरा

बाजरा अनेक पोषक तत्वों से भरपूर है। इसमें कैल्शियम और मैग्नीशियम, प्रोटीन, फाइबर और आयरन जैसे खनिज होते हैं। टाइप-2 मधुमेह से लड़ने के लिए बाजरे का नियमित सेवन करें।

4. कुट्टू

कुट्टू एक प्रकार का बाजरा है। यह वजन घटाने के लिए अच्छा है। यह मधुमेह के लिए एक स्वस्थ भोजन है, रक्तचाप को कम करने में मदद करता है और हृदय स्वास्थ्य में सुधार करता है।

5. छोटा बाजरा

वजन कम करने की चाह रखने वालों के लिए छोटा बाजरा एक अच्छा विकल्प है। इसमें फाइबर की मात्रा अधिक होती है और यह पोटेशियम, जिंक, आयरन, विटामिन बी और कैल्शियम से भरपूर होता है और आपके शरीर के लिए एंटीऑक्सीडेंट के रूप में काम करता है।

मिलेट के स्वास्थ्य लाभ

मिलेट फॉस्फोरस, मैग्नीशियम और मैंगनीज़ जैसे कई लाभकारी पोषक तत्वों से भरपूर है। निम्नलिखित लाभ प्राप्त करने के लिए इन्हें अपने आहार में शामिल करें।

1. मिलेट वजन घटाने में सहायता करता है

मिलेट में कैलोरी की मात्रा कम होती है और यह वजन घटाने के लिए फायदेमंद होते है। यह पूरे दिन आपका ऊर्जा स्तर बनाए रखने में मदद करता है।

जब आप इनका सेवन करते हैं, तो आपको लंबे समय तक पेट भरा हुआ महसूस होता है क्योंकि इन्हें पचने में समय लगता है।

2. मिलेट आपके ब्लड शुगर के स्तर को कम रखता है

मिलेट में ग्लाइसेमिक इंडेक्स कम होता है। इसलिए, मधुमेह को कम करने के लिए नियमित रूप से मिलेट का सेवन करें।

3. मिलेट आपकी रोग प्रतिरोधक क्षमता को बढ़ाता है

मिलेट प्रोटीन का एक बड़ा स्रोत है और हमारी प्रतिरक्षा को विकसित और मजबूत करने में मदद कर सकता है। मजबूत प्रतिरक्षा का मतलब है कि आपको बीमारियों की चपेट में आने की कम संभावना है।

4. मिलेट (Millet) हृदय संबंधी जोखिमों को कम करता है

मिलेट में आवश्यक वसा होती है, जो हमारे शरीर को अच्छी वसा प्रदान करती है और साथ ही उच्च कोलेस्ट्रॉल, स्ट्रोक और अन्य हृदय संबंधी शिकायतों को कम करती है। मिलेट में मौजूद पोटेशियम आपके रक्तचाप को नियंत्रित करती है

5. मिलेट अस्थमा (Asthma) से बचाता है

मिलेट में मौजूद मैग्नीशियम की मात्रा आपको बार–बार होने वाले माइग्रेन के अनुभव को कम कर सकती है। यह आपकी अस्थमा की शिकायतों की गंभीरता को भी कम कर सकता है।

इसका कारण यह है कि, गेहूं के विपरीत, इनमें एलर्जी पैदा करने वाले तत्व नहीं होते हैं जो अस्थमा का कारण बनते हैं।

6. मिलेट एक एंटीऑक्सीडेंट की तरह काम करता है

मिलेट अपने एंटीऑक्सीडेंट गुणों के कारण आपके शरीर को डिटॉक्स करने में मदद करता है।

सावधानियां

- मिलेट का अत्यधिक सेवन आपकी पाचन प्रक्रिया को धीमा कर सकता है, जिससे सूजन, कब्ज हो सकता है और थायराइड गतिविधि को दबाने के साथ–साथ आयोडीन की कमी हो सकती है।
- आप मिलेट को रात भर कमरे के तापमान पर भिगोकर, फिर पकाने से पहले इसे सुखाकर और धोकर इसमें मौजूद पोषक तत्वों की मात्रा को काफी कम कर सकते हैं।

प्रोटीन

प्रोटीन हमारे शरीर की कोशिकाओं का महत्त्वपूर्ण हिस्सा है एवं माँसपेशियाँ में इसकी मात्रा 20% होती है। प्रोटीन शरीर की कोशिकाओं (Cells), हारमोन्स, हिमोग्लोबिन, सभी इन्जाइम्स एवं पाचक जूसों (Digestive Juices) का जरूरी हिस्सा होता है। प्रोटीन द्वारा ऑक्सीजन का संचार होता है एवं किसी भी इन्फेक्शन को रोकने में सहायक होती है। माँ के दूध के लिये भी प्रोटीन का आहार में होना आवश्यक होता है। ऊर्जा के साथ–साथ प्रोटीन Growth and Repair के लिये भी आवश्यक है। एक ग्राम प्रोटीन से 4 कैलोरीज प्राप्त होती हैं।

हम आहार में जो भी प्रोटीन लेते हैं वो शरीर में एमीनोएसिड्स (Amino-acids) में बदल जाती है एवं यही एमीनोएसिड्स बॉडी ग्रोथ के लिये जरूरी होते हैं।

प्रोटीन—दालें, सोयाबीन, बादाम, अखरोट, पिस्ता एवं अनाज से प्राप्त होती है। इसके अतिरिक्त प्रोटीन अधिक मात्रा में मछली, चिकन, गोश्त, अंडे एवं डेयरी प्रोडक्ट्स जैसे–दूध, दही, पनीर से

प्राप्त होती है। प्लान्ट्स प्रोटीन में प्रोटीन की मात्रा एनीमल प्रोटीन की अपेक्षा कम होती है। हमारे शरीर के लिये प्रोटीन की मात्रा 1 gm/kgm/day की आवश्यकता होती है।

चर्बी–वसा हमारे भोजन में दो प्रकार से मिलती है, एक जो आहार बनाने के लिये एवं दूसरी जो आहार की वस्तुओं में अपने आप ही मिलती है। एक ग्राम वसा से 9 केलोरीज मिलती हैं। एक छोटा चम्मच (Teaspoon) पाँच ग्राम का होता है। अतः एक चम्मच तेल या घी से 45 कैलोरी ऊर्जा मिलती है।

शरीर में वसा, एडीपोज टिस्सू (Adipose Tissue) में जमा रहती है एवं इस वसा द्वारा चर्बी में घुलने वाली विटामिन्स जैसे A, D, E एवं K शरीर की जरूरतें पूरी करती हैं।

वसा/तेल

वसा कई प्रकार की होती हैं, इनमें से कुछ वसा हमारे शरीर के लिए फायदेमंद होती हैं और कुछ हानिकारक होती हैं।

वसा सैचुरेटेड और अनसैचुरेटेड प्रकार की होती है।

अच्छी वसा

Unsaturated वसा शरीर के लिए फायदेमंद होती है और इसे अच्छी वसा कहा जाता है। Unsaturated वसा नट्स, एवोकाडो और जैतून आदि में पाई जाती है। असंतृप्त वसा (Unsaturated Fats) हृदय के लिए फायदेमंद होती है क्योंकि इनमें एलडीएल कोलेस्ट्रॉल को कम करने की क्षमता होती है और ये उच्च लिपोप्रोटीन (एचडीएल) कोलेस्ट्रॉल के स्तर को बढ़ाती है। इसलिए शरीर को फिट और स्वस्थ रखने के लिए असंतृप्त वसा का सेवन करना चाहिए।

Unsaturated वसा के दो रूप होते हैं, एक मोनोअनसैचुरेटेड वसा और दूसरा पॉलीअनसैचुरेटेड वसा।

अच्छी वसा का एक प्रकार

जैतून के तेल और कैनोला तेल में **मोनोअनसैचुरेटेड वसा** (फैटी एसिड) प्रचुर मात्रा में पाए जाते हैं, लेकिन हमारे देश में सदियों से इस्तेमाल किया जाने वाला सरसों का तेल भी इसका एक अच्छा स्रोत है। मोनोअनसैचुरेटेड वसा के अन्य समृद्ध स्रोत पिस्ता, अखरोट, बादाम और तिल का तेल हैं।

मोनोअनसैचुरेटेड वसा ब्लड शुगर और इन्सुलिन के स्तर को नियंत्रित करने में मदद कर सकते हैं, साथ ही हृदय रोग के जोखिम को कम करने के लिए आपके कोलेस्ट्रॉल के स्तर को कम कर सकते हैं। वे एलडीएल (खराब) कोलेस्ट्रॉल के स्तर को कम करने में मदद कर सकते हैं। कोलेस्ट्रॉल एक मोमी, चिपचिपा पदार्थ है जो रक्त वाहिकाओं को बंद या प्रतिबंधित कर सकता है। स्वस्थ एलडीएल स्तर बनाए रखने से हृदय रोग और स्ट्रोक का ख़तरा कम होता है।

मोनोअनसैचुरेटेड फैटी एसिड कोशिका वृद्धि और रखरखाव का समर्थन करते हैं। डॉक्टर जितना संभव हो सके saturated वसा को मोनोअनसैचुरेटेड वसा से बदलने की सलाह देते हैं, जो मूंगफली के तेल, कैनोला तेल, जैतून के तेल, नट्स, बीज और एवोकाडो जैसे खाद्य पदार्थों में पाया जा सकता है।

दूसरे प्रकार की 'अच्छी' वसा

पॉलीअनसैचुरेटेड वसा

पॉलीअनसैचुरेटेड वसा शरीर के नियमित कार्यों जैसे कि नसों को संकुचित करना, रक्त का थक्का जमना, सूजन और मांसपेशियों की गति के लिए महत्वपूर्ण हैं। लेकिन आपका शरीर इन वसा को अपने आप नहीं बना सकता है, इसलिए आपको अपने आहार से पॉलीअनसैचुरेटेड वसा मिलती है। पॉलीअनसैचुरेटेड वसा खाने से एलडीएल (खराब) कोलेस्ट्रॉल कम हो सकता है। कम एलडीएल कोलेस्ट्रॉल हृदय रोग विकसित होने की संभावना को कम करता है।

आपके शरीर को महत्वपूर्ण कार्य करने में मदद करने के अलावा, इस प्रकार के वसा हानिकारक ट्राइग्लिसराइड्स को कम करते हैं, रक्तचाप को कम करते हैं और सही प्रकार के कोलेस्ट्रॉल को बढ़ाते हैं। वे हृदय की स्थितियों को भी रोकते हैं और मनोभ्रंश और रुमेटीइड गठिया जैसी अन्य स्वास्थ्य स्थितियों के प्रभावों को कम करते हैं। आप फैटी मछली, अखरोट, अलसी, कैनोला तेल, सूरजमुखी तेल, कुसुम तेल (safflower oil), मकई तेल, सोयाबीन तेल, चिया और अखरोट के तेल जैसे खाद्य पदार्थों में पॉलीअनसैचुरेटेड वसा पा सकते हैं।

पॉलीअनसेचुरेटेड वसा दो प्रकार के होते हैं। ये दो प्रकार ओमेगा-3 और ओमेगा-6 फैटी एसिड हैं। पॉलीअनसेचुरेटेड वसा – एक उदाहरण ओमेगा–3 फैटी एसिड है, मछली इनका एक अच्छा स्रोत है। लेकिन इसके साथ कुछ समस्याएं हैं क्योंकि बहुत से लोग मछली नहीं खाते हैं; और मछली देश के कई हिस्सों में आसानी से उपलब्ध नहीं है, और दूषित हो सकती है।

आमतौर पर, भारतीयों के रक्त में इन पॉलीअनसैचुरेटेड फैटी एसिड का स्तर कम होता है, जिससे रक्त कोलेस्ट्रॉल का स्तर बढ़ जाता है और हृदय पर प्रतिकूल प्रभाव पड़ता है। दुर्भाग्य से, पॉलीअनसैचुरेटेड फैटी एसिड के बहुत से शाकाहारी स्रोत नहीं हैं। अखरोट, सरसों का तेल, सोयाबीन, तिल, मूंगफली, कैनोला तेल, अलसी, चिया के बीज में ओमेगा–3 फैटी एसिड अपेक्षाकृत कम मात्रा में होता है।

खराब वसा

Saturated वसा स्वास्थ्य के लिए अच्छे नहीं होते, उन्हें खराब वसा कहा जाता है।

घी और नारियल तेल

Saturated fatty acid यानी जमने वाले वसा के लगातार सेवन से हृदय की धमनियों के अवरुद्ध होने और इसलिए दिल के दौरे का ख़तरा बढ़ जाता है। Saturated वसा का एक विशेष रूप से प्रतिकूल घटक/तत्व पामिटिक एसिड है, जो पाम ऑयल और डेयरी तेलों का एक प्रमुख घटक है, जो हृदय रोग के जोखिम को काफी हद तक बढ़ाने के अलावा, कैंसर कोशिकाओं के विकास को भी जन्म दे सकता है।

Saturated वसा से धमनियों में "प्लाक" बनने लगता है जो नसों को अवरुद्ध कर देता है और तनाव की स्थिति में सूजन होने पर अचानक फट सकता है, जिससे मस्तिष्क, हृदय या शरीर के किसी भी हिस्से में रक्त का जीवन-रक्षक प्रवाह कुछ ही सेकंड में बंद हो जाता है।

दुर्भाग्य से – हमारी पारंपरिक धारणा कि डेयरी मक्खन मजबूत और हृदय के लिए अच्छा है और जोड़ों को चिकनाई देता है, पूरी तरह से सही नहीं है और इससे हमारा भावनात्मक लगाव घातक हो सकता है – इसके विपरीत, डेयरी तेल संतृप्त वसा (60%-80%) और पामिटिक एसिड से भरे होते हैं और स्वास्थ्य के लिए बेहद हानिकारक होते हैं।

देसी घी पर बहुत अधिक गहन वैज्ञानिक अध्ययन नहीं हुए हैं, लेकिन एक अध्ययन से पता चलता है कि अधिक मात्रा में सेवन करने से कोलेस्ट्रॉल का स्तर बढ़ सकता है जिससे हृदय रोग का ख़तरा बढ़ सकता है।

सबसे खराबः ट्रांस वसा

ट्रांस फैटी एसिड (TFA) या ट्रांस वसा सबसे हानिकारक प्रकार के वसा हैं जो किसी भी अन्य आहार वसा की तुलना में हमारे शरीर पर अधिक प्रतिकूल प्रभाव डाल सकते हैं। यह वसा एक मानव निर्मित

वसा है। इसका केवल एक छोटा सा हिस्सा प्रकृति में निर्मित होता है। कृत्रिम TFA का उत्पादन तेल में हाइड्रोजन डालकर किया जाता है।

हृदय और लिवर रोग के जोखिम को बढ़ाने वाले saturated वसा का एक बड़ा हिस्सा ट्रांस फैटी एसिड है, जो वनस्पति घी – वनस्पति, डालडा और इसी तरह के तेलों में प्रचुर मात्रा में होता है।

ट्रांस फैटी एसिड की उच्च मात्रा (जो कुछ तेलों का 30%–40% हिस्सा बनाती है) हृदय, लीवर, अग्नाशय और रक्त धमनियों के लिए अत्यधिक हानिकारक है। वास्तव में, यह तेल का सबसे हानिकारक घटक है। शोध से पता चलता है कि यदि आप किसी भी तेल में उच्च तापमान पर खाद्य पदार्थों को तलते हैं, तो ट्रांस फैटी एसिड का स्तर 100%–200% तक बढ़ जाता है। ये खाना पकाने की प्रथाएँ भारतीय घरों में आम हैं, और इन्हें स्ट्रीट वेंडर और ज़्यादातर खाद्य प्रतिष्ठानों द्वारा अपनाया जाता है। इस पैटर्न के उदाहरण परांठे, पूरी आदि हैं। इनका नियमित रूप से उपयोग करने से बचें। बाजार में बिकने वाले बिस्किट से भी बचें क्योंकि उनमें भी पाम ऑयल का इस्तेमाल होता है।

कितना तेल और कौन सा तेल खाना चाहिए?

एक सामान्य व्यक्ति प्रतिदिन लगभग 2 चम्मच (15–20 ग्राम) तेल खा सकता है जिसमें खाना पकाने का तेल भी शामिल है। याद रखें कि पूरी तरह से तेल–मुक्त आहार लंबे समय में शरीर को नुकसान पहुँचाएगा, क्योंकि शरीर को कोशिकाओं के पुनर्निर्माण और रखरखाव के लिए आवश्यक फैटी एसिड केवल तेलों के माध्यम से ही मिलते हैं। और सावधान रहें, बाजार में कई ऐसे खाद्य पदार्थ हैं जिन्हें "शून्य कोलेस्ट्रॉल" के रूप में बेचा जाता है, लेकिन वास्तव में उनमें विषाक्त तत्व होने की बहुत संभावना है।

वसा का एक घटक मोनोअनसैचुरेटेड वसा (ओलिक एसिड) है, और जब मोनोअनसैचुरेटेड वसा का सेवन अन्य वसा की तुलना में

अधिक किया जाता है, तो यह रोगियों में कोलेस्ट्रॉल को कम करने में अत्यधिक प्रभावी होता है और ऐसे रोगियों को कोलेस्ट्रॉल कम करने वाली दवाएँ ज़्यादा नहीं लेनी पड़ती हैं।

मधुमेह और वसा

मोनोअनसैचुरेटेड फैटी एसिड मधुमेह रोगियों में हृदय रोग को रोकने, सामान्य स्वास्थ्य में सुधार करने और दीर्घायु सहित लगभग सभी स्वास्थ्य मापदंडों में सुधार करने में आश्चर्यजनक रूप से प्रभावी साबित हुए हैं। अन्य स्वस्थ खाद्य पदार्थों जैसे सब्जियों और नट्स के साथ जैतून का तेल लेना महत्वपूर्ण है जो मोनोअनसैचुरेटेड वसा से भरपूर होते हैं।

गुड़

मधुमेह में, बदलते मौसम का असर blood sugar के स्तर में उतार-चढ़ाव भी पैदा कर सकता है। सभी जानते हैं कि सर्दियों के दौरान व्यक्ति को बार-बार भूख लगती है। मधुमेह रोगियों के साथ भी कुछ ऐसा ही होता है। ऐसा इसलिए होता है क्योंकि सर्दियों के दौरान हमारा मेटाबॉलिज्म तेज हो जाता है। तेज मेटाबॉलिज्म के कारण हमें भूख तो लगती ही है साथ ही सर्दियों में शरीर का तापमान भी कम रहता है। ऐसे में शरीर का कम तापमान भूख को और उत्तेजित करता है। इसके बाद जैसे ही शरीर खाना खाता है, तापमान बढ़ने लगता है। सर्दियों में शरीर खुद को गर्म रखने के लिए ज्यादा मेहनत करता है, जिससे ज्यादा ऊर्जा खर्च होती है और आपको भूख लगती है।

मधुमेह रोगियों को मीठे से दूर रहने की सलाह दी जाती है ताकि उनका रक्त शर्करा (blood sugar) स्तर न बढ़े। ऐसा इसलिए होता है क्योंकि हम जो खाना खाते हैं, उसमें प्राकृतिक रूप से कार्ब्स और शुगर भरपूर मात्रा में होते हैं, जो हमारे रक्त शर्करा (blood sugar) के स्तर को बनाए रखने के लिए पर्याप्त होते हैं।

इसमें कोई शक नहीं है कि गुड़ चीनी से ज़्यादा सेहतमंद होता है, लेकिन डायबिटीज़ के मरीजों के लिए दोनों ही एक जैसे होते हैं। अगर डायबिटीज़ के मरीज गुड़ का सेवन करते हैं, तो उन्हें इसे बहुत कम मात्रा में खाना चाहिए।

- गुड़ में चीनी की मात्रा बहुत ज़्यादा होती है, जो ब्लड शुगर लेवल को बढ़ाती है।
- गुड़ खाने से आपके ग्लूकोज लेवल पर चीनी खाने जैसा ही असर होता है। बहुत से लोगों की यह धारणा है कि जब वे चीनी की जगह गुड़ खाते हैं, तो इससे उन्हें अपने ब्लड शुगर लेवल को बनाए रखने में मदद मिलती है। लेकिन ऐसा नहीं है। गुड़ में सुक्रोज होता है, जो हमारे शरीर द्वारा अवशोषित होने पर ब्लड शुगर लेवल को बढ़ाता है। इसका मतलब यह है कि यह किसी भी अन्य चीनी की तरह ही हानिकारक है। फर्क सिर्फ इतना है कि गुड़ को शरीर में अवशोषित होने में समय लगता है।
- गुड़ का ग्लाइसेमिक इंडेक्स 84 पर बहुत ज़्यादा होता है, इसलिए डायबिटीज़ के मरीजों को गुड़ खाने की सलाह नहीं दी जाती है। आम तौर पर भी, डायबिटीज़ के मरीजों को मीठे खाद्य पदार्थों और मिठाइयों से पूरी तरह से दूर रहना चाहिए क्योंकि अनियमित ब्लड शुगर से निपटने का एक बड़ा हिस्सा मीठा खाने की आदत को पूरी तरह से खत्म करना भी है। तो निष्कर्ष के तौर पर, अगर आप पूरी तरह स्वस्थ हैं और आपको मधुमेह नहीं है, तो आप सफेद चीनी के विकल्प के रूप में गुड़ का इस्तेमाल कर सकते हैं। लेकिन अगर आपको मधुमेह है, तो आपको गुड़ से दूर रहना चाहिए। सर्दियों में, आप नाश्ते, दोपहर के भोजन और रात के खाने के समय इनमें से कुछ विकल्प चुन सकते हैं जैसे अंकुरित अनाज, भुना पनीर या सूप और यह फायदेमंद भी माने जाते हैं।

शाम को डिनर से पहले आप वेजिटेबल सूप ले सकते हैं। जिसे आप टमाटर, लौकी, मटर, मशरूम या मिक्स वेजिटेबल का इस्तेमाल करके बना सकते हैं।

- दाल का सूप
- दोपहर के भोजन और रात के खाने के लिए क्विनोआ
- दोपहर के भोजन या रात के खाने के लिए जौ का सूप
- नाश्ते या रात के खाने के लिए अंकुरित चाट
- भाप से पका या ग्रिल किया हुआ सलाद
- Steamed सब्जियाँ
- सूखे मेवे, बीज और खजूर के लड्डू
- नींबू घास, अदरक, दालचीनी और इलायची से बनी हर्बल चाय
- दोपहर के भोजन में ताजा भुना हुआ ज्वार (Sorghum) लेकिन सप्ताह में एक बार
- तिल से बना भोजन
- दोपहर के भोजन या रात के खाने में खाया जाने वाला बाजरा।

एस्पार्टेम किससे बनता है?

एस्पार्टेम दो प्राकृतिक रूप से पाए जाने वाले अमीनो एसिड, फेनिलएलनिन और एस्पार्टिक एसिड से बना होता है, जो हमारे शरीर और भोजन में प्रोटीन के घटक भी हैं। एस्पार्टेम में फेनिलएलनिन को मिथाइल समूह जोड़कर थोड़ा संशोधित किया गया है जो एस्पार्टेम को उसका मीठा स्वाद देता है।

एस्पार्टेम का कितना सेवन कर सकते हैं

एस्पार्टेम के लिए FDA के निर्देश

FDA: शरीर के वजन के प्रति किलोग्राम 50 मिलीग्राम।

EFSA: शरीर के वजन के प्रति किलोग्राम 40 मिलीग्राम।

क्या एस्पार्टेम प्रतिकूल स्वास्थ्य प्रभाव पैदा करता है?

सांस फूलना, उच्च रक्तचाप और छूटी हुई (Missed beats) या तेज धड़कन ये सभी एस्पार्टेम विषाक्तता के लक्षण हैं।

गैस्ट्रोइंटेस्टाइनल लक्षण

एस्पार्टेम को स्वीटनर के रूप में इस्तेमाल करने पर लोगों को अक्सर पेट खराब, दस्त (संभवतः खूनी), पेट में दर्द और निगलने में दर्द का अनुभव होता है।

क्या एस्पार्टेम से एलर्जी होती है

Alergy जैसे पित्ती और तीव्र खुजली, होंठ या मुंह में सूजन और अस्थमा का बिगड़ना, ये सभी एस्पार्टेम के कारण हो सकते हैं।

जिन लोगों को फेनिलकेटोनुरिया (PKU) नामक स्थिति है, उन्हें एस्पार्टेम युक्त उत्पादों का सेवन नहीं करना चाहिए। PKU एक विरल (Rare) आनुवंशिक बीमारी है जिसका जन्म के समय निदान किया जाता है। PKU वाले लोग फेनिलएलनिन को ठीक से संसाधित करने में सक्षम नहीं होते हैं, इसलिए यह शरीर में खतरनाक स्तर तक जमा हो सकता है।

क्या एस्पार्टेम भूख बढ़ाता है या वजन बढ़ाता है

एस्पार्टेम – सबसे आम artificial स्वीटनर में से एक, आपको वजन कम करने में मदद नहीं कर सकता है। वास्तव में, यह बिल्कुल विपरीत काम करता है। जब एस्पार्टेम पचता है, तो यह फेनिलएलनिन नामक एक यौगिक बनाता है। फेनिलएलनिन को आंतों के क्षारीय फॉस्फेट (IAP) नामक एक एंजाइम के साथ हस्तक्षेप करते हुए दिखाया गया है, जो ठीक से काम करने पर मोटापे, मधुमेह और चयापचय सिंड्रोम को रोकने में मदद करता है। चूंकि एस्पार्टेम के टूटने से फेनिलएलनिन बनता है, इसलिए बार-बार सेवन करने पर यह वजन बढ़ाने में बहुत मददगार हो सकता है।

एस्पार्टेम लगभग सभी डाइट सोडा में मौजूद होता है, इसलिए आपको इसे पीने से बचना चाहिए, ताकि इसके अवयवों से छुटकारा पाया जा सके और इसके प्राकृतिक अवयवों को खत्म होने से रोका जा सके।

डाइट सोडा, कई लोग जो वजन कम करना चाहते हैं, वे अपने नियमित सोडा को डाइट सोडा से बदल देते हैं। वे न केवल वजन कम करने में विफल रहे, बल्कि वास्तव में वज़न और अधिक बढ़ जाता है।

डाइट सोडा में असली चीनी या कैलोरी नहीं होती है, इसमें बहुत सारे एडिटिव्स और कृत्रिम तत्व होते हैं, जिनमें स्वीटनर शामिल हैं। ये तत्व अप्राकृतिक रसायनों से भरे होते हैं, जो आपके शरीर को अधिक कैलोरी और चीनी से भरे खाद्य पदार्थों की लालसा पैदा कर सकते हैं। एस्पार्टेम आपके शरीर को यह गलत अनुमान लगाने में भी भ्रमित कर सकता है कि आप वास्तव में कितनी कैलोरी ले रहे हैं, जिससे आपका मेटाबॉलिज्म धीमा हो सकता है, जिससे कैलोरी बर्न करना और वजन कम करना अधिक चुनौतीपूर्ण हो जाता है।

अगर एस्पार्टेम को carbohydrates के साथ लिया जाये तो ये इन्सुलिन के स्तर में वृद्धि कर सकता है। इस पर अभी शोध चल रहा है।

क्या यह सच है कि एस्पार्टेम प्रकृति में कैंसरकारी है

कोका–कोला, डाइट सोडा, और च्यूइंग गम जैसे उत्पादों में इस्तेमाल होने वाले एस्पार्टेम को जुलाई में पहली बार अंतर्राष्ट्रीय कैंसर अनुसंधान एजेंसी (IARC), विश्व स्वास्थ्य संगठन (WHO) द्वारा "संभवतः मनुष्यों के लिए कैंसरकारी" के रूप में सूचीबद्ध किया गया।

एस्पार्टेम में मुक्त मेथनॉल (Free methanol) कुछ खाद्य पदार्थों में मौजूद होता है और एस्पार्टेम को गर्म करने पर भी बनता है। नियमित रूप से सेवन किया जाने वाला मुक्त मेथनॉल एक समस्या हो सकती

है क्योंकि यह शरीर में फॉर्मलाडेहाइड, एक ज्ञात कार्सिनोजेन और न्यूरोटॉक्सिन में टूट जाता है।

फल (Fruits)

अधिकतर फल स्वाद में मीठे होते हैं और इसकी वजह से डायबिटीज़ के मरीज इनका सेवन करने से बचते हैं। लोगों के दिमाग में यह गलतफहमी होती है कि फल खाने से डायबिटीज़ के मरीजों का शुगर लेवल तेजी से बढ़ सकता है। कई फल स्वाद में बेहद मीठे होते हैं, लेकिन डायबिटीज़ के मरीज कम मात्रा में सभी फलों का सेवन कर सकते हैं।

फलों में कार्बोहाइड्रेट होता है, इसलिए आपको फलों की मात्रा का विशेष ध्यान रखना चाहिए।ताजा फल का एक टुकड़ा आपके मीठा खाने की क्रेविंग को शांत कर सकता है और शरीर को पोषक तत्व दे सकता है।

जब आप तय करें कि कौन सा फल खाना है, तो ध्यान रखें कि फल की एक सर्विंग में 15 ग्राम से अधिक कार्बोहाइड्रेट नहीं होना चाहिए। फल के साइज पर निर्भर करता है कि फल में कितना कार्बोहाइड्रेट है।

55 से कम जीआई (GI) वाला कोई भी भोजन लिया जा सकता है और मधुमेह वाले लोगों के लिए एक अच्छा विकल्प हो सकता है।

जामुन

जामुन को भी डायबिटीज़ के मरीज बेफिक्र होकर खा सकते हैं। इसमें 82 फीसदी पानी पाया जाता है। साथ ही इसमें सुक्रोज की मात्रा भी कम होती है, जो ब्लड शुगर स्पाइक नहीं होने देता है।

नाशपाती

विटामिन सी, ई और के युक्त नाशपाती भी डायबिटीज़ के मरीज खा सकते हैं। इसमें कैल्शियम, आयरन, पौटेशियम, मैग्नीशियम और

बीटा कैरोटीन के अलावा फाइबर की भी अच्छी मात्रा पाई जाती है, जो डायबिटीज़ के मरीजों के लिए अच्छा होता है।

सेब

सेब खाना डायबिटीज़ के मरीजों के लिए फायदेमंद माना जा सकता है। नियमित रूप से सेब खाने से इन्सुलिन रजिस्टेंस को कम करने में मदद मिलती है, इससे ब्लड शुगर का स्तर कम हो सकता है। सेब में पॉलीफेनोल्स होते हैं, जो आपके पैंक्रियाज को इन्सुलिन रिलीज करने के लिए स्टिम्युलेट करते हैं और आपकी कोशिकाओं को शुगर लेने में मदद करते हैं.

फाइबर और एंटी–ऑक्सीडेंट से भरपूर सेब भी डायबिटीज़ के मरीजों के लिए फायदेमंद है।

कीवी

कीवी फल डायबिटीज़ के रोगियों के लिए फायदेमंद है। इसमें ग्लाइसेमिक इंडेक्स 49 होने की वजह से यह डायबिटीज़ के लिए अच्छा है। इसे खाने से ब्लड शुगर लेवल कंट्रोल करने में मदद मिलती है।

फाइबर शरीर में शुगर के अवशोषण को धीमा करने में मदद करता है। इसमें विटामिन सी काफी मात्रा में होता है, जो ब्लड प्रेशर को भी नियंत्रित करने में मदद करता है। डायबिटीज़ के पेशेंट रोज एक कीवी खा सकते हैं।

संतरा

संतरा को डायबिटीज़ में लाभकारी माना जाता है। संतरा में फाइबर, विटामिन सी और फोलेट की भरपूर मात्रा होती है। फाइबर ब्लड शुगर कंट्रोल करने में मदद करता है, जबकि विटामिन सी इम्यून सिस्टम को बूस्ट करने का काम करता है। फोलेट इन्सुलिन प्रोडक्शन

को रेगुलेट करने में मदद कर सकता है। शुगर के मरीज रोज एक संतरा खा सकते हैं।

एवोकाडो

एवोकाडो पोषक तत्वों से भरपूर फल है, जिसका सेवन करना सेहत के लिए बेहद लाभकारी माना जाता है। एवोकाडो में हैल्दी अनसैचुरेटेड फैटी एसिड और फाइबर भरपूर मात्रा में होता है। ये सभी पोषक तत्व खाने के बाद ब्लड ग्लूकोज और इन्सुलिन कंसंट्रेशन में सुधार करते हैं। कम मात्रा में एवोकाडो का सेवन सेफ माना जाता है।

आम

आम में जीआई 51 है, इसलिए आम उन खाद्य पदार्थों के समूह में है जो मधुमेह वाले लोगों के लिए सुरक्षित हैं।

आम में फाइबर, कैल्शियम और पोटैशियम की मात्रा अधिक होती है। इसकी उच्च फाइबर सामग्री इसे मधुमेह के रोगियों के लिए भी सुरक्षित विकल्प बनाती है। चूंकि आम का glycemic index कम होता है, इसलिए मधुमेह वाले लोगों को इसे नियमित रूप से खाना चाहिए। यदि आप प्रतिदिन 100 ग्राम तक आम खाते हैं, तो आपके ब्लड शुगर के स्तर में कोई वृद्धि नहीं होगी।

आम में 67% विटामिन सी की अनुशंसित दैनिक मात्रा होती है जो प्रतिरक्षा को बढ़ाने में मदद करती है।

डायबिटीज़ में कम खाने वाले फल

अनानास

अनानास ऐसा फल है जिसमें शुगर की मात्रा अत्यधिक होती है और साथ ही इसमें हाई कार्ब्स भी होते हैं। एक मध्यम आकार के अनानास (Pineapple) में 40 ग्राम के आसपास शुगर होती है। इसलिए इसे

डायबिटीज़ के मरीजों को खाने से बचना चाहिए। इस फल को खाने से शुगर लेवल अचानक से बढ़ सकता है।

केला

हाई कार्बोहाइड्रेट वाले फूड्स में केले की गिनती होती है। वहीं, एक केले (Banana) में तकरीबन 27 ग्राम तक शुगर पाई जाती है। दरअसल, केला एक पॉपुलर फ्रूट है, जिसे खाने से फाइबर, प्रोटीन, विटामिन, मैंगनीज, पोटैशियम जैसे कई सारे पोषक तत्व मिलते हैं। हालांकि, पके केले में कार्ब्स अधिक होने से डायबिटीज़ के लिए घातक हो सकता है क्योंकि इनका सेवन करने से ब्लड शुगर हाई हो सकता है।

तरबूज

खुद को हाइड्रेट रखने के लिए गर्मियों में तरबूज खाना बेशक फायदेमंद हो, लेकिन डायबिटीज़ के मरीजों को इसे खाने से बचना चाहिए। तरबूज की जीआई वैल्यू 72 के आसपास होती है, जो शुगर लेवल को तेजी से बढ़ा सकती है। यही वजह है कि डायबिटीज़ में तरबूज खाने से परहेज करना चाहिए।

फलो का सेवन कर सकते है परन्तु मात्रा का ध्यान रखे आप 150-200 ग्राम तक खा सकते है।

ड्राई फ्रूट्स (Dry fruits)

मधुमेह एक ऐसी समस्या है जो आज लाखों लोगों को प्रभावित कर रही है। एक अच्छा भोजन शरीर में शुगर लेवल्स को सही रखने में काफी सहायता करता है और कई जटिलताओं के जोखिम या रिस्क को कम करता है।

ड्राई फ्रूट्स क्या हैं?

जैसा कि नाम से ही पता चलता है कि सूखे मेवे या फल हैं जिनमें से प्राकृतिक पानी को बाहर निकाला जाता है।

यह कई तरह के हेल्थ बेनिफिट्स या स्वास्थ्य लाभ देने के साथ ही मधुमेह रोगियों के लिए एक अच्छा खाद्य विकल्प बनते हैं।

सूखे मेवे विटामिन, खनिज और फाइबर से भरपूर होते हैं, जो किसी भी व्यक्ति के शरीर के लिए महत्वपूर्ण होते हैं। सूखे मेवों में पॉलीफेनोल्स जैसे एंटीऑक्सीडेंट मौजूद होते हैं।

ये एक प्राकृतिक रंग के रूप में काम करते हैं और बेहतर पाचन, रक्त प्रवाह और ऑक्सीडेटिव तनाव में कारगर होते हैं।

सूखे मेवे अपने पौष्टिक मूल्यों, बेहतरीन स्वाद और लंबी शेल्फ लाइफ के लिए बहुत लोकप्रिय हैं।

सूखे मेवों या ड्राय फ्रूट्स में प्रोटीन एक मुख्य पोषक तत्व होता है जिसके कई स्वास्थ्य लाभ होते हैं। प्रोटीन के अलावा इनमें मौजूद कई अन्य पोषक तत्व हैं–

- विटामिन ई
- मिनरल्स या खनिज जैसे मैग्नीशियम
- पोटेशियम
- एंटीऑक्सीडेंट
- फाइबर
- कैरोटीनॉयड
- फाइटोस्टेरॉल
- फोलेट
- विटामिन बी–1

सूखे मेवे एक अच्छा स्नैक विकल्प है जो काफी सुरक्षित (safe) भी है। हालांकि मधुमेह के लोगों को इसकी नमकीन रेंज से बचना चाहिए।

मधुमेह से पीडित व्यक्तियों के लिए कुछ बेहतरीन सूखे मेवे नीचे दिए गए हैं–

1. बादाम

बादाम में मधुमेह रोगियों के लिए कई तरह के फायदे हैं। एक अध्ययन में पाया गया कि 12 सप्ताह तक बादाम को मधुमेह के आहार में शामिल करने से ब्लड शुगर पर सकारात्मक प्रभाव पड़ता है। इसके अलावा, यह हृदय रोगों के जोखिम को भी कम करता है।

बादाम व्यक्ति के शरीर में एलडीएल कोलेस्ट्रॉल के स्तर को कम करता है। बादाम एचडीएल कोलेस्ट्रॉल के स्तर को बढ़ाने के लिए जाने जाते हैं। यह आर्टेरी से एलडीएल कोलेस्ट्रॉल को हटाने में मदद करता है। इसके कारण बादाम हृदय की समस्याओं के जोखिम को कम करता है और ब्लड शुगर स्तर को कम करने में मदद करता है।

2. अखरोट

अखरोट में भरपूर मात्रा में कैलोरी होती है लेकिन फिर भी, अखरोट का शरीर के वजन पर कोई खास प्रभाव नहीं पड़ता है। अखरोट का सेवन करने से डाइबीटिक लोगों के एचडीएलः एलडीएल अनुपात में सुधार होता है। यह ब्लड शुगर के स्तर में काफी सुधार करने में सक्षम है।

3. मूंगफली

मूंगफली में भरपूर मात्रा में प्रोटीन और फाइबर होता है। मूंगफली वजन घटाने के लिए बहुत अच्छी है और दिल की समस्याओं के खतरे को कम कर सकती है। यह वेट मैनेजमेंट में सहायता करता है जो मधुमेह होने के प्रमुख कारकों में से एक है। इसलिए हम मूंगफली को मधुमेह रोगियों के लिए सूखे मेवों के एक अच्छे विकल्प के तौर पर देख सकते हैं।

किशमिश, बादाम, पिस्ता, खजूर और अखरोट जैसे सूखे मेवों में मौजूद उच्च फाइबर पाचन संबंधी कई समस्याओं जैसे कब्ज आदि में लाभ पहुंचाते हैं। इसके अलावा, इन सूखे मेवों में एक शक्तिशाली लेक्सेटिव प्रभाव होता है जो बेहतर बावेल मूवमेंट के लिए जरूरी है।

लाभ

खुन की कमी/एनिमिआ

बादाम आरबीसी के उत्पादन को बढ़ाने में मदद करते हैं। इस प्रकार, बादाम हीमोग्लोबिन बढ़ाने व एनीमिया का इलाज करने में मदद करता है।

कोलेस्ट्रॉल

अखरोट, मुनक्का और बादाम खून में खराब कोलेस्ट्रॉल को कम करने में मदद करते हैं। इसके अलावा, वे डिस्लिपिडेमिया को रोकते हैं।

कैंसर

बादाम सीधे तौर पर ब्रेस्ट कैंसर को रोकने में मददगार हो सकता है। साथ ही, एंटीऑक्सिडेंट युक्त सभी सूखे मेवे कैंसर के विकास के जोखिम को रोकने में मदद कर सकते हैं। उच्च गुणवत्ता वाले पोषक तत्वों के कारण, सूखे मेवे खाने से व्यक्ति की प्रतिरोधक क्षमता को बढ़ाने में भी मदद मिलती है।

चिंता और अवसाद

सूखे मेवों में उपस्थित एंटीऑक्सीडेंट अवसाद (depression) और चिंता को कम करने में मदद करते है।

मधुमेह नियंत्रण/वजन घटाना

नियंत्रित मात्रा में सेवन के साथ, मधुमेह के रोगियों के लिए सूखे मेवे दो कारणों से एकदम सही विकल्प हैं–

- यह वजन व ब्लड शुगर दोनों को नियंत्रित रखने के साथ आवश्यक पोषक तत्वों की पूर्ति कर देते हैं।
- सूखे मेवों में अच्छी मात्रा में प्रोटीन और खनिज होते हैं। एक दिन में इनकी सही मात्रा को एक हिस्से तक सीमित रखने से व्यक्ति को स्वस्थ रखने में मदद मिल सकती है।
- मॉडरेशन में सूखे मेवे एक स्वस्थ स्नैक विकल्प हैं। सही मात्रा में खाने से इनके हानिकारक प्रभावों भी नहीं होते और मधुमेह रोगी इनका आनंद उठा सकते हैं।

किस तरह से शामिल करें

होम-मेड एनर्जी बार्ज़

सुखे मेवे प्रोटीन के उच्च स्रोत हैं जो आपकी भूख को शांत करने में सहायता करते हैं। यह स्वस्थ भोजन का एक अच्छा विकल्प है। लोग अपने शरीर को मजबूत बनाने के लिए इन्हें सुबह या शाम को वर्कआउट से पहले ले सकते हैं। बाजार में उपलब्ध रेडीमेड एनर्जी बार में अतिरिक्त शुगर होती है जबकि घर पर तैयार किए गए एनर्जी बार प्राकृतिक होते हैं। इसके अलावा, उन्हें कुछ प्राकृतिक स्वीटनर जैसे शहद मिला कर बनाया जा सकता है। यह सुक्रोज का एक समृद्ध स्रोत है। इसे मीठे स्वाद के लिए सूखे मेवों के साथ मिलाया जा सकता है।

ट्रेल मिक्स

विभिन्न प्रकार के मेवों और बीजों से बने ये मिश्रण टी टाइम या शाम के नाश्ते के रूप में बहुत अच्छे होते हैं। ये न केवल तत्काल भूख को मारने में मदद करते हैं, बल्कि प्रोटीन के भी उच्च स्रोत हैं, जो मांसपेशियों, हड्डियों और तंतुओं (tissue) को भी सही बनाए रखने में मदद करते हैं।

सलाद ड्रेसिंग के रूप में

सूखे मेवे या ड्राय फ्रूट्स स्वाद में स्वाभाविक रूप से मीठे होते हैं और आम तौर पर इनमें अतिरिक्त चीनी मिलाने की आवश्यकता नहीं होती है। इसलिए यह मधुमेह के लोगों के लिए अच्छे है। इस कारण, मधुमेह रोगियों के लिए सलाद के रूप में सूखे मेवे एक बढ़िया विकल्प हैं।

खाने का सही समय

सूखे मेवे विटामिन, एंटीऑक्सिडेंट, खनिज और फाइबर से भरपूर होते हैं। इसके अलावा, अधिकांश सूखे मेवों का जीआई (glycemic index) निम्न से मध्यम स्तर का होता है। इससे मधुमेह व्यक्तियों के लिए सूखे मेवों की उपयुक्तता बढ़ जाती है।

सूखे मेवे फाइबर से भरपूर होते हैं। फाइबर आपको लंबे समय तक संतुष्ट रखता है जिससे आपको बार-बार भूख नहीं लगती। परिणामस्वरूप यह अस्वास्थ्यकर (unhealthy) खाने की आदत को कम करने के साथ-साथ वजन कम करने में मदद करता है।

दोपहर के भोजन के बाद यदि आप नट्स या ड्राय फ्रूट्स लेते हैं तो यह आपके शरीर को ऊर्जावान बनाए रखता है।

सूखे मेवों में विभिन्न शक्तिशाली एंटीऑक्सीडेंट और विटामिन मौजूद होते हैं। इसलिए, यह शरीर को पोषक तत्व पहुंचा कर उसको स्वस्थ रखने में सहायता करता है।

सूखे मेवों का सुबह सेवन करने से ये आपको ऊर्जा देता है जिससे आप अच्छे से व्यायाम कर पाते हैं।

नट्स खाते समय उसकी मात्रा या भाग नियंत्रण क्यों महत्वपूर्ण है?

नट्स एक हाई-कैलोरी खाद्य पदार्थ है। वैसे तो नट्स वजन नहीं बढ़ाते लेकिन इनको अत्यधिक मात्रा में खाने पर ये यह आपका वजन

बढ़ा सकते हैं। इसलिए एक पूरा पैकेट खाने के बजाय पर्याप्त मात्रा में ही नट्स या ड्राई फ्रूट्स का सेवन करना चाहिए।

साथ ही आप नट्स को किस रूप में खा रहे हैं यह भी इसके पोषण व लाभों को प्रभावित करता है।

हालांकि ड्राई फ्रूट्स डाईबिटीज में अच्छे हो सकते हैं लेकिन फिर भी, सभी सूखे मेवे मधुमेह के लोगों को लाभ नहीं पहुंचाते हैं। खासकर के नमकीन नट्स क्योंकि इनमें नमक की मात्रा कई तरह की जटिलताओं के जोखिम को बढ़ा सकता है!

उन लोगों को जिन्हें मीठा और नमकीन का मिश्रण पसंद है और आप शहदयुक्त भुना हुआ काजू और चॉकलेट–लेपित मूंगफली पसंद करते हैं तो यह आपके शरीर के लिए बहुत ही हानिकारक है। इसमें कार्ब की अत्यधिक मात्रा होती है जो आपके शुगर लेवल्स को बढ़ा देती है। इसके स्थान पर कच्चे मेवे या सूखे भुने मेवे खाना अच्छा रहता है। ये स्वाद और सेहतमंद तत्वों से भरपूर होते हैं।

प्रोबायोटिक्स और प्रीबायोटिक्स क्या हैं?

प्रोबायोटिक्स (Probiotics)

प्रोबायोटिक्स ऐसे खाद्य पदार्थ या supplement हैं जिनमें microorganisms होते हैं जिनका उद्देश्य शरीर में "अच्छे" बैक्टीरिया (सामान्य माइक्रोफ्लोरा) को बनाए रखना या बेहतर बनाना होता है।

प्रीबायोटिक्स ऐसे खाद्य पदार्थ (आमतौर पर उच्च फाइबर वाले खाद्य पदार्थ) होते हैं जो शरीर के अच्छे बैक्टीरिया (माइक्रोफ्लोरा) के लिए भोजन के रूप में कार्य करते हैं। इन का उपयोग इन microorganisms के संतुलन को बेहतर बनाने के इरादे से किया जाता है।

कौन से प्रोबायोटिक्स प्रभावी हैं?

किसी प्रोबायोटिक के आपके स्वास्थ्य के लिए कोई लाभ होने के लिए, यह होना चाहिए–

- ऐसी किस्म का हो जिसकी उपयोगिता साबित हो चुका हो।
- ऐसे रूप में हो जो आपके शरीर में सेवन करने के लिए सुरक्षित हो।
- ऐसे microorganisms हों जो commercial प्रक्रिया (commercial process) के बाद भी जीवित रहे।
- आपके पाचन तंत्र से गुजरते हुए भी जीवित रह सके।

सबसे अधिक बार अध्ययन किए गए और सुझाए गए प्रोबायोटिक्स में से कुछ में शामिल हैं–

- लैक्टोबैसिलस जीन्स।
- एल. एसिडोफिलस (L. acidophilus), एल. रमनोसस (L. rhamnosus), एल. केसी (L. casei) और एल. प्लांटारम (L. plantrum) शामिल हैं। ये अच्छे बैक्टीरिया जो पाचन में मदद करते है और शरीर में बैक्टीरिया का सन्तुलन बनाए रखते हैं। यें आतों के स्वास्थ्य और प्रतिरक्षा (Immunity) के लिए अच्छे माने जाते हैं।
- बिफिडोबैक्टीरियम जिन्स
- बिफिडोबैक्टीरियम लोंगम (Bifidobacterium longum) और बिफिडोबैक्टीरियम ब्रेव (Bifidobacterium breve) शामिल हैं।
- एसिडोफिलस (एल. एसिडोफिलस) आज बाजार में सबसे प्रसिद्ध प्रोबायोटिक हो सकता है, संभवतः इसलिए क्योंकि इसके कई अलग-अलग अनुप्रयोग हैं।

एसिडोफिलस आपके मुंह, आंत, पेट, फेफड़े, योनि और मूत्र पथ में स्वाभाविक रूप से पाया जाता है, और यह इन सभी माइक्रोबायोम में संतुलन करने में मदद कर सकता है।

वे आहार पूरक (कैप्सूल, तरल पदार्थ या पाउडर) या विभिन्न उपयोगों के लिए सामयिक लोशन या क्रीम के रूप में आते हैं।

स्रोत

- दही
- पनीर
- अचार और अचार का पानी
- कांजी (Kanji)

खमीर वाले पदार्थ (Fermented पदार्थ) और drinks आपके पाचन तंत्र/आहार नाल (Gastrointestinal tract) में अधिक प्रोबायोटिक्स प्राप्त करने का एक सुलभ तरीका है।

प्रीबायोटिक्स (Prebiotics)

यह ऐसे तत्व है जो हमारी आंत (gut) में मौजुद अच्छे बैक्टरिया को पोषण देते है। प्रीबायोटिक्स साबुत अनाज, केले, साग, प्याज, लहसुन, सोयाबीन जैसे खाद्य पदार्थों में पाए जाते हैं। ओरल प्रोबायोटिक्स के कई अतिरिक्त लाभ हो सकते हैं।

आपका आंत-माइक्रोबायोम (आपके जीआई ट्रैक्ट में रहने वाले सूक्ष्मजीवों का समुदाय) आपके पाचन तंत्र और कई अन्य शरीर प्रणालियों में एक जटिल भूमिका निभाता है। इसके अलावा, प्रोबायोटिक्स और प्रीबायोटिक्स कुछ खाद्य पदार्थों में मिलाए जाते हैं और आहार पूरक (Diet supplements) के रूप में उपलब्ध होते हैं।

आपके पाचन तंत्र के भीतर, हम जानते हैं कि–

- एक स्वस्थ आंत-माइक्रोबायोम कुछ पोषक तत्वों और दवाओं अवशोषित absort करने में मदद करता है।
- अन्य महत्वपूर्ण पोषक तत्वों को भी बनाता है।
- हानिकारक microorganisms को पहचानने और उन्हें खत्म करने के लिए आपकी प्रतिरक्षा प्रणाली (Immune system) को प्रशिक्षित करने में मदद करता है।

हम यह भी जानते हैं कि एक अस्वस्थ आंत-माइक्रोबायोम – जिसमें हानिकारक जीवाणु (unhealthy gut microorganisms) microorganisms कई प्रकार की बीमारियों का कारण बन सकते हैं, जिनमें शामिल हैं–

- एच. पाइलोरी और सी. डिफिसाइल जैसे बैक्टीरियल संक्रमण।
- छोटी आंत में जीवाणु अतिवृद्धि बैक्टीरिया की वृद्धि।
- सूजन संबंधी आंत्र रोग जैसे अल्सरेटिव कोलाइटिस और क्रोहन रोग (Crohn's disease)।

- सामान्य पाचन संबंधी कठिनाइयाँ, जैसे कब्ज, गैस और Irritable Bowel Syndrome (IBS)।

प्रोबायोटिक्स लेने से इन स्थितियों को रोकने या उनका इलाज करने में मदद मिल सकती है। आपका आंत-माइक्रोबायोम आपके मस्तिष्क और तंत्रिका तंत्र (Brain & Nervous System) आपकी प्रतिरक्षा तंत्र (Immune System) और आपके हार्मोन तंत्र (Endocrine System) से भी जुड़ा हुआ है। कुछ शोधकर्ताओं का मानना है कि आपके आंत माइक्रोबायोम का स्वास्थ्य आपके स्वास्थ्य के कई पहलुओं को प्रभावित कर सकता है, जिसमें शामिल हैं–

- मूड और दर्द सहनशीलता मानसिक तीक्ष्णता और थकान।
- सूजन और प्रतिरक्षा प्रतिक्रिया।
- Metabolism, blood sugar and fat storage.

साइड इफेक्ट

- वे एलर्जी की प्रतिक्रिया को ट्रिगर कर सकते हैं।
- वे पेट की हल्की समस्याओं का कारण बन सकते हैं, खासकर पहले कुछ दिनों में जब आप उन्हें लेना शुरू करते हैं।
- आपको पेट खराब, गैस, दस्त या सूजन हो सकती है।

ये लक्षण आमतौर पर आपके शरीर को इनकी आदत हो जाने के बाद चले जाते हैं।

सलाह लेनी चाहिए

- जिन लोगों को सबसे ज़्यादा परेशानी होने की संभावना है, उनमें प्रतिरक्षा प्रणाली (Immune System) की समस्या वाले लोग, जिनकी सर्जरी हुई है और जो गंभीर रूप से बीमार हैं। अगर आपको इनमें से कोई भी समस्या है, तो प्रोबायोटिक्स न लें।

- अपने बच्चे को प्रोबायोटिक सप्लीमेंट देने से पहले हमेशा अपने बाल रोग विशेषज्ञ से बात करें।
- अगर आप गर्भवती हैं या स्तनपान करा रही हैं, तो आपको भी इसे आजमाने से पहले अपने डॉक्टर से बात करनी चाहिए।

इंटरमिटेंट फास्टिंग

इंटरमिटेंट फास्टिंग एक तरह का डाइट पैटर्न है, इसमें व्यक्ति 8-16 घंटें की फास्टिंग करता है। इस तरह वह 8 या 16 घण्टे के बाद ही खाना खाता है–

16:8, इंटरमिटेंट फास्टिंग का एक सबसे लोकप्रिय तरीका माना जाता है। इसमें 16 घण्टे उपवास रखा जाता है, और बाकी के 8 घण्टे में खाना खाया जाता है।

इस तरह का डाइट प्लान फॉलो करने के पीछे तर्क यह दिया जाता है कि जब 2 खाना (meals) के बीच गैप अधिक हो, तो इससे शरीर कैलोरी और फैट को तेजी से बर्न (burn) करता है, इससे वजन कम करने में मदद मिलती है.

इंटरमिटेंट फास्टिंग के लाभ

यह देखा गया है कि इंटरमिटेंट फास्टिंग करने से ब्लड शुगर के स्तर में सुधार होता है। इंटरमिटेंट फास्टिंग रक्तप्रवाह में ग्लूकोज को नियंत्रित करने में मदद करता है, जिससे भोजन के सेवन को समय तक सीमित करके ब्लड शुगर स्तर को कम किया जा सकता है।

- "डायबिटीज" केयर में प्रकाशित एक अध्ययन में पाया गया कि इंटरमिटेंट फास्टिंग करने से इन्सुलिन संवेदनशीलता में सुधार हुआ और प्रीडायबिटीज़ वाले लोगों में इन्सुलिन का स्तर कम हो गया।

प्रीडायबिटीज़ एक ऐसी स्थिति है जिसमें ब्लड शुगर का स्तर सामान्य से ऊपर होता है लेकिन इतना अधिक नहीं होता कि इसे टाइप–2 मधुमेह के रूप में वर्गीकृत किया जा सके। चूंकि इंटरमिटेंट फास्टिंग ब्लड शुगर को नियंत्रित और इन्सुलिन संवेदनशीलता में सुधार कर सकता है, यह प्रीडायबिटीज़ वाले कुछ लोगों में टाइप–2 मधुमेह की शुरुआत को रोकने या देरी (delay) करने में मदद कर सकता है।

- प्रीडायबिटीज़ को प्रबंधित करने के अलावा, इंटरमिटेंट फास्टिंग कैलोरी का सेवन कम करके वजन घटाने में सहायता करता है।
- जब टाइप–2 मधुमेह से पीड़ित कोई व्यक्ति इंटरमिटेंट फास्टिंग के माध्यम से मध्यम मात्रा में वजन कम करता है, तो उनकी स्थिति को बेहतर ढंग से नियंत्रित किया जा सकता है, और आगे की जटिलताओं में देरी हो सकती है। वजन घटाने से ब्लड शुगर के नियंत्रण में भी मदद मिलती है।

हालाँकि, इंटरमिटेंट फास्टिंग मधुमेह वाले हर व्यक्ति के लिए उपयुक्त नहीं हो सकता है, और इस आहार को अपनाने के कुछ संभावित नुकसान भी हैं।

टाइप-2 मधुमेह वाले लोगों के लिए इंटरमिटेंट फास्टिंग के संभावित खतरे क्या हैं?

इंटरमिटेंट फास्टिंग विभिन्न दुष्प्रभाव उत्पन्न कर सकता है, जैसे–

- चक्कर आना
- मतली
- नींद न आना
- बेहोशी
- माइग्रेन का सिरदर्द
- कमजोरी जो दैनिक गतिविधियों को सीमित करती है
- अत्यधिक भूख लगना

आहार के लोकप्रिय होने का एक मुख्य कारण यह है कि लोगों का मानना है कि वे आठ घण्टे की अवधि के दौरान जो चाहें खा सकते हैं।

इस बात पर जोर दिया जाना चाहिए कि **इंटरमिटेंट फास्टिंग मधुमेह वाले सभी लोगों के लिए उपयुक्त नहीं हो सकता।**

- इंटरमिटेंट फास्टिंग में खाने का वक्त कम होता है जिस वजह से आपको उसी दौरान पर्याप्त मात्रा में पोषक तत्व लेने पड़ते हैं।
- ये काम चुनौतीपूर्ण हो सकता है और कुछ महत्त्वपूर्ण पोषक तत्व छूट सकते हैं। सही प्लानिंग ना बनाने से विटामिन ए, डी, ई, के, बी विटामिन, कैल्शियम, आयरन और जिंक जैसे पोषक तत्वों की कमी हो सकती है।
- इंटरमिटेंट फास्टिंग से अल्सर की समस्या बढ़ सकती है। क्योंकि फास्टिंग के दौरान पेट में एसिड का उत्पादन बढ़ जाता है, जिससे बेचैनी, दर्द और अल्सर के घाव बढ़ सकते हैं।
- खाना छोड़ देना या लंबे समय तक उपवास करना पेट की लाइनिंग को और परेशान कर सकता है, जिससे अल्सर के लक्षण बिगड़ सकते हैं और घाव भरने में देरी हो सकती है।

अमेरिका के शिकागो में जारी एक रिसर्च रिपोर्ट में यह जानकारी सामने आई कि दिन में 8 घण्टे तक भूखे रहने से लोगों में दिल से जुड़ी बीमारियों की वजह से मौत का ख़तरा 91% बढ़ सकता है। अमेरिकन हार्ट एसोसिएशन (American Heart Association) ने स्टडी को लेकर कई सवाल उठाए हालांकि, स्टडी में ये पूरी तरह से साफ नहीं हो पाया कि इसमें जिन लोगों के डेटा का इस्तेमाल किया गया, उन्होंने कितने समय और कितने तरीकों से इंटरमिटेंट फास्टिंग को फॉलो किया।

खाने में ध्यान देने योग्य बातें

1. थोड़ा–थोड़ा खाना कई बार। हर 2-3 घण्टे बाद कुछ न कुछ लेना चाहिये।
2. बहुत फ्राइड या जो वस्तुएं बार–बार तेल में गर्म की जाती हैं उनके प्रयोग से बचें। जैसे समोसा, कचौड़ी, पकोड़े इत्यादि जो कि एक बार पहले तेल में से निकालकर रखे जाते एवं दोबारा उसी तेल में गर्म करके फिर लिये जाएं तो हानिकारक हैं।
3. आर्टीफिशियल स्वीटनर्स द्वारा बनी हुई मिठाइयाँ शुगर फ्री तो हो सकती हैं परन्तु केलोरीज फ्री नहीं अतः इनका प्रयोग सीमित ही रखें (Limited Use) ।
4. डायबिटीज़ के रोगियों को उपवास एवं दावतों से परहेज रखना चाहिये ।
5. नमक की मात्रा खाने में कम रखनी चाहिये। उच्च रक्तचाप एवं हृदय रोगियों को कम नमक लेने की सलाह दी जाती है।

आहार पिरामिड

आहार के इस पिरामिड को भिन्न खाद्य पदार्थों के आधार पर कई भागों में बांटा जाता है। इसके हर भाग में पौष्टिक एवं भिन्न कैलोरीज के खाद्य पदार्थ होते हैं जिनमें से अपने आहार को चुना जा सकता है। संतुलित आहार के लिये बढ़े भाग में लिखे गये खाद्य पदार्थों को चुनें। इस पिरामिड के सबसे ऊपर के भाग में लिखे हुए खाद्य पदार्थों का बहुत कम मात्रा में सेवन करना चाहिए।

चर्बी, तेल एवं मिठाइयां

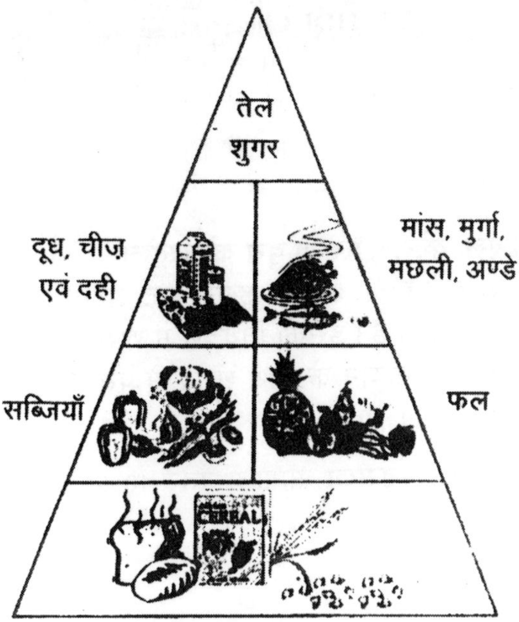

रोटी, चावल, पास्ता, दालें

कोलेस्ट्रोल अच्छा या बुरा

आजकल हर व्यक्ति कोलेस्ट्रोल के नाम पर चिंतित है क्योंकि इसका संबंध हार्ट अटैक से लेकर डायबिटीज़ तथा मोटापे से होने वाली बीमारियों से जुड़ा हुआ है।

रक्त में कोलेस्ट्रोल की सामान्य मात्रा 150 mg से 200 mg तक होती है। डायबिटीज़ के मरीजों में यह 160 मि.ग्रा./डे.लि. से कम होनी चाहिये।

कोलेस्ट्रोल तीन प्रकार का होता है:

1. **एच.डी.एल. कोलेस्ट्रोल (HDL Choestrol) या अच्छा कोलेस्ट्रोल**— सामान्य मात्रा पुरुषों में 40 mg/dL व महिलाओं में 50 मि.ग्रा./डे.लि. होनी चाहिये। इसकी मात्रा जितनी अधिक हो उतना ही स्वास्थ्य के लिए लाभदायक है। नियमित व्यायाम से इसकी मात्रा को बढ़ाया जा सकता है।

2. **एल.डी.एल. कोलेस्ट्रोल या बुरा कोलेस्ट्रोल**— इसकी मात्रा 70 मि.ग्रा./डे.लि. से कम होनी चाहिये। इससे हार्ट अटैक की संभावना को कम किया जा सकता है। इसको नियंत्रण में रखने के लिए आहार नियंत्रण आवश्यक है। व्यायाम के साथ शराब से परहेज करके इसके स्तर को नियंत्रण में रख सकते हैं।

3. **वी.एल.डी.एल.**—इसका सामान्य स्तर 10–20 mg/dL तक होता है।

ट्राइग्लिसराइड

सामान्य स्तर—150 मि.ग्रा./डे.लि. से कम ट्रायगिलसराइड्स के स्तर

को हमेशा नियंत्रण में रखना चाहिये क्योंकि इसकी बढ़ी हुई मात्रा नसों को बन्द करके एन्जाइना एवं हार्ट अटैक की संभावना बढ़ाती है। मदिरापान इसके स्तर को बढ़ाता है। अधिक चर्बी वाला आहार जैसे मांस, अण्डे एवं मक्खन, तले हुए पदार्थ इसके स्तर को बढ़ाते हैं।

सैचुरेटिड फेट्स–जो मांस, मक्खन तथा चीज़ (Cheese) इत्यादि में पाये जाते हैं उनसे एलडीएल कोलेस्ट्रोल बढ़ता है इसलिये इनका परहेज करना चाहिए।

वजन तालिका (भार चार्ट)

(औसतन वजन) (Weight Chart)

लंबाई सें.मी.	स्त्री (कि.ग्रा.)	पुरुष (कि.ग्रा.)
148	49.0	52.5
150	50.5	54.0
152	52.0	55.5
154	53.5	57.0
156	54.5	58.5
158	56.0	60.0
160	57.5	61.5
162	59.0	63.0
164	60.5	64.5
166	62.0	66.0
168	63.5	67.5
170	65.0	69.5
172	66.5	71.0
174	68.0	72.5
176	69.5	74.5
178	71.0	76.0
180	73.0	77.5
182	74.5	79.5
184	76.0	81.0
186	78.0	83.0
188	79.5	85.0

व्यायाम मधुमेह के रोगियों के लिए लाभकारी

व्यायाम मधुमेह control करने का एक महत्वपूर्ण हिस्सा है।

व्यायाम आपकी मदद कर सकता है:

- आप के ब्लड शुगर के स्तर में सुधार करता है।
- आप की फिटनेस को बढ़ावा देता है।
- आप का वजन प्रबंधित करता है।
- हृदय रोग और स्ट्रोक जोखिम को कम करता है।
- आप की सेहत में सुधार करता है।

सुरक्षित रूप से व्यायाम करने के लिए, मधुमेह के रोगियों को शारीरिक गतिविधि (exercise) से पहले, उसके दौरान और बाद में अपने ब्लड शुगर को चैक करने की आवश्यकता होती है। इससे पता चलता है कि शरीर व्यायाम के प्रति कैसे प्रतिक्रिया करता है। और ब्लड शुगर का उतार–चढ़ाव मधुमेह के रोगी के लिये घातक/खतरनाक हो सकता है। ब्लड शुगर जाँच करने से इनके बारे में जानकारी होती है।

व्यायाम से पहले: अपने वर्कआउट से पहले अपने ब्लड शुगर की जाँच करें। कोई नया फिटनेस प्रोग्राम शुरू करने से पहले, अपने डाक्टर से सलाह लें।

व्यायाम करने से इन्सुलिन लेने वाले लोगों में ब्लड शुगर बहुत कम हो सकता है। बहुत कम ब्लड शुगर को हाइपोग्लाइसीमिया कहा जाता है। यह जोखिम टाइप–2 मधुमेह वाले लोगों पर भी लागू

होता है जो इन्सुलिन या कम ब्लड शुगर से जुड़ी अन्य दवाएँ लेते हैं।

सर्वोत्तम स्वास्थ्य लाभों के लिए, वयस्कों को सप्ताह में कम से कम 150 मिनट तक हृदय-पंपिंग एरोबिक गतिविधि करनी चाहिए। गतिविधि तीव्रता में मध्यम से जोरदार होनी चाहिए। उदाहरणों में शामिल हैं–

- तेज चलना
- तैराकी
- साइकिल चलाना
- सीढ़ियाँ चढ़ना
- नृत्य करना
- बास्केटबॉल, टेनिस या अन्य खेल
- व्यायाम कक्षाएँ

वयस्कों को भी प्रति सप्ताह 2 से 3 शक्ति-प्रशिक्षण गतिविधियाँ करने का लक्ष्य रखना चाहिए। शक्ति-प्रशिक्षण सत्र से उबरने के लिए खुद को कम से कम एक दिन दें।

मधुमेह से पीड़ित बच्चों और किशोरों को हर दिन कम से कम 60 मिनट की मध्यम से जोरदार एरोबिक गतिविधि करनी चाहिए। उन्हें सप्ताह में कम से कम तीन दिन मांसपेशियों और हड्डियों को मजबूत बनाने वाली गतिविधियाँ करनी चाहिए।

मांसपेशियों को मजबूत बनाने वाली गतिविधियों के कुछ उदाहरण हैं

रस्साकशी जैसे खेल और शरीर के वजन या प्रतिरोध बैंड का उपयोग करके व्यायाम करना।

हड्डियों को मजबूत बनाने वाली गतिविधियों में रस्सी कूदना और दौड़ना शामिल है।

लेकिन मधुमेह से पीड़ित कई लोगों को शारीरिक गतिविधि से पहले अपने ब्लड शुगर के स्तर की जाँच करने की आवश्यकता होती है। यदि आप इन्सुलिन या अन्य दवाएँ लेते हैं जो निम्न ब्लड शुगर का कारण बन सकती हैं, तो व्यायाम करने से 15 से 30 मिनट पहले अपने रक्त शर्करा की जाँच करें।

यदि आपको पिछले 24 घंटों में गंभीर निम्न ब्लड शुगर (Hypoglycemia) से उबरने में मदद की आवश्यकता है तो व्यायाम न करें।

जब आप कीटोन के उच्च स्तर पर व्यायाम करते हैं, तो आप कीटोएसिडोसिस नामक एक खतरनाक स्वास्थ्य समस्या का जोखिम उठाते हैं। कीटोएसिडोसिस जानलेवा हो सकता है। इसके लिए तत्काल उपचार की आवश्यकता होती है।

कीटोएसिडोसिस मधुमेह के किसी भी मरीज को हो सकता है, लेकिन यह टाइप–1 मधुमेह के मरीजों में ज्यादा होता है। यदि आपके पेशाब के जाँच में कीटोन (ketone) हैं, तो उच्च ब्लड शुगर को कम करने के लिए कदम उठाएँ। फिर तब तक व्यायाम करने का इंतजार करें जब तक कि आपके पेशाब के परीक्षण में ketone न हो।

व्यायाम के दौरान निम्न रक्त शर्करा के लक्षणों पर नजर रखें

व्यायाम के दौरान, निम्न ब्लड शुगर कभी–कभी चिंता का विषय होता है। यह मुख्य रूप से मधुमेह वाले लोगों के लिए एक जोखिम है जो निम्न ब्लड शुगर के स्तर से जुड़ी इन्सुलिन या अन्य दवाएँ लेते हैं।

यदि आप लंबे समय तक कसरत करने की योजना बना रहे हैं, तो हर 30 मिनट में अपने ब्लड शुगर की जाँच करें। यदि आप कोई नई exercise की शुरूआत कर रहे हैं या अपने कसरत की तीव्रता या समय बढ़ा रहे हैं, तो यह महत्वपूर्ण है। हर आधे घण्टे में जाँच करने से आपको पता चलता है कि आपका ब्लड शुगर स्तर स्थिर है, बढ़ रहा है या गिर रहा है। इस तरह, आप यह समझ सकते हैं

कि व्यायाम करना सुरक्षित है या नहीं।

यदि आप बाहरी गतिविधियाँ कर रहे हैं या खेल खेल रहे हैं, तो हर 30 मिनट में जाँच करना एक चुनौती हो सकती है। लेकिन आपको यह सुरक्षा उपाय तब तक करने की जरूरत है जब तक आप यह नहीं जान लेते कि आपकी व्यायाम के प्रति आपका रक्त शर्करा किस तरह प्रतिक्रिया करता है।

व्यायाम करना बंद करें यदिः

- आपका ब्लड शुगर 70 mg/dL (3.9 mmol/L) या उससे कम है।
- आपको कपकपी, कमजोरी, चक्कर आना या भ्रमित महसूस होता है।

अपने ब्लड शुगर के स्तर को बढ़ाने के लिए लगभग 15 ग्राम कार्बोहाइड्रेट वाला कुछ खाएं या पिएं, जैसे–

- ग्लूकोज की गोलियाँ
- फलों का रस
- 1 बड़ा चम्मच चीनी
- शहद या कॉर्न सिरप।

15 मिनट बाद फिर से अपना ब्लड शुगर जाँचें। यदि यह अभी भी बहुत कम है, तो 15 ग्राम कार्बोहाइड्रेट की एक और खुराक लें। फिर 15 मिनट में फिर से जाँच करें।

जब तक आपका ब्लड शुगर कम से कम 70 mg/dL तक न पहुँच जाए, तब तक आवश्यकतानुसार इस प्रतिक्रिया को दोहराएँ। यदि आपने अपना वर्कआउट पूरा नहीं किया है, तो आप तब जारी रख सकते हैं जब आपका ब्लड शुगर सुरक्षित स्तर पर वापस आ जाए। आपको इसे सुरक्षित सीमा तक बढ़ाने के लिए अधिक स्नैक्स या भोजन की आवश्यकता हो सकती है।

व्यायाम के बाद

व्यायाम समाप्त करने के तुरंत बाद अपने ब्लड शुगर की जाँच करें। अगले कुछ घंटों में इसे फिर से जाँचें। व्यायाम आपकी मांसपेशियों और यकृत (liver) में संग्रहीत आरक्षित शुगर को खींचता है। जैसे-जैसे आपका शरीर इन भंडारों का पुनर्निर्माण करता है, यह आपके रक्त से शुगर लेता है।

आपकी कसरत जितनी कठिन होगी, यह आपके ब्लड शुगर को उतना ही लंबे समय तक प्रभावित करेगी। व्यायाम के 4 से 8 घण्टे बाद भी निम्न रक्त शर्करा (hypoglycomia) हो सकती है। अपने वर्कआउट के बाद धीमी गति से काम करने वाले कार्बोहाइड्रेट वाले स्नैक लेने से आपके ब्लड शुगर में गिरावट को रोकने में मदद मिल सकती है। इस प्रकार के स्नैक्स में ग्रेनोला बार और सूखे मेवे शामिल हैं।

अगर व्यायाम के बाद आपका ब्लड शुगर कम होता है, तो कार्बोहाइड्रेट युक्त एक छोटा सा नाश्ता खाएं। उदाहरण के लिए, आप फल, क्रैकर्स या ग्लूकोज की गोलियाँ खा सकते हैं। या आप आधा कप फलों का रस पी सकते हैं।

व्यायाम आपके स्वास्थ्य के लिए कई मायनों में अच्छा है। लेकिन अगर आपको मधुमेह है, तो व्यायाम से पहले, बाद में और कभी-कभी व्यायाम के दौरान अपने ब्लड शुगर की जाँच करना भी उतना ही महत्वपूर्ण हो सकता है।

मधुमेह के रोगियों के लिए लाभकारी योगिक आसन

योगिक व्यायाम, मधुमेह को नियंत्रण करने में काफी हद तक सहायक रहते हैं। इसीलिए सारे विश्व में लोग योगिक व्यायाम को अपनाने लगे हैं। योगासनों से शरीर अनुशासित होता है, शरीर स्वस्थ रहता है और मन शांत रहता है।

योगासनों को नियमित अभ्यास द्वारा ही सीखा जा सकता है। शुरू-शुरू में इसे सीखने में कठिनाई अवश्य होती है परन्तु धीरे-धीरे अभ्यास द्वारा योगासन एवं योग क्रियाएं आसानी से की जा सकती हैं। योगासन धीरे-धीरे करने वाली क्रियाएं हैं। प्राणायाम से नाड़ियों के तनाव में मुक्ति मिलती है, मन शुद्ध व शांत होता है, मन स्थिर होता है एवं आत्मविश्वास बढ़ता है।

निम्नलिखित आसन मधुमेह रोगियों के लिए उपयोगी हैं एवं सरल हैं, जिन्हें नियमित रूप से करने से मधुमेह को नियंत्रण में रखने में मदद मिलती है।

योगासन शुरू करने से पहले अपने डॉक्टर से सलाह अवश्य ले लें।

1. अर्धनव आसन—इस आसन से पेंक्रियाज (अग्नाशय ग्रन्थि) पित्त एवं गुर्दे की कार्यक्षमता में बढ़ोत्तरी होती है।

2. धनुर आसन–इस आसन से शरीर की सभी ग्रन्थियों पर असर पड़ता है एवं पेंक्रियाज ग्रन्थि की कार्यक्षमता को बढ़ाता है। जिससे मधुमेह रोग को नियंत्रण करने में मदद मिलती है।

3. जानु शीर्ष आसन–इस आसन से जिगर एवं पेंक्रियाज ग्रन्थि सक्रिय होती है।

4. पश्चिमोत्तानासन–इसमें पांवों के अंगूठों को अंगुलियों से पकड़ कर इस प्रकार बैठा जाता है कि धड़ एक और ज़ोर से चला जाए।

5. अर्धमत्स्येन्द्रासन–इस आसन से मधुमेह रोग को नियंत्रित करने में बहुत अधिक मदद मिलती है।

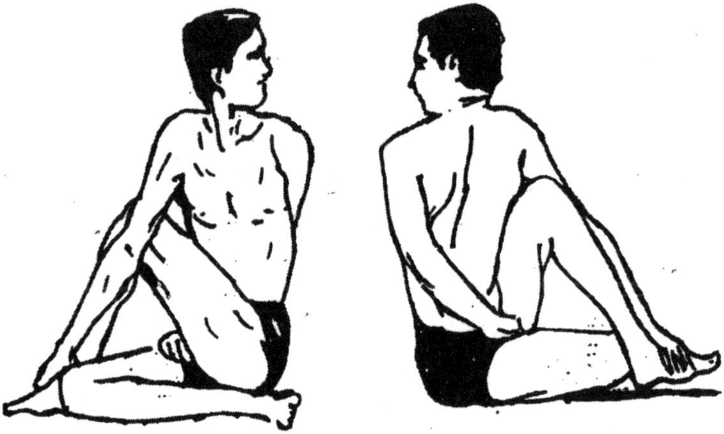

जीवनशैली

आधुनिक जीवनशैली के कारण पूरे विश्व में मधुमेह के मामले बढ़ रहे हैं। एक सर्वेक्षण के अनुसार भारत को मधुमेह की राजधानी भी कहा जाता है।

वर्तमान में, दिल्ली की लगभग 25-26% आबादी मधुमेह से पीड़ित है। हर तीसरे घर (35.77%) में मधुमेह का कम से कम एक ज्ञात मामला है। आबादी में मोटापे और केन्द्रीय मोटापे की उच्च दर देखी जाती है।

पूर्व मधुमेह वाले लोगों की संख्या बराबर है और प्रीडायबिटीज़ से मधुमेह में रूपांतरण दर प्रति वर्ष 10% है।

यह अनुमान लगाया गया है कि अगर जीवनशैली में कोई बदलाव नहीं किया जाता है तो प्रीडायबिटीज़ वाले 15% से 30% लोगों को अगले 3-5 वर्षों में मधुमेह हो जाएगा।

मधुमेह के मामलों में वृद्धि के कारण

बढ़ता हुआ 'पश्चिमीकरण' और आधुनिक जीवनशैली के सात पाप: दुष्प्रभाव है शारीरिक निष्क्रियता (गतिहीन जीवनशैली), कम घंटों के लिए सोना, तनाव, नमक चीनी का अत्यधिक सेवन, धूम्रपान, शराब ने हमारी जीवनशैली में भारी बदलाव किया है।

ये कोर्टिसोल (तनाव हार्मोन) रिलीज और इन्सुलिन प्रतिरोध (Insulin resistance) को बढ़ाते हैं जो मधुमेह का कारण बनता है।

मधुमेह रोग में वृद्धि कई कारकों के संयोजन के कारण है, जिसमें शारीरिक गतिविधि की कमी भी शामिल है। टाइप-2 मधुमेह का प्रबंधन (Diabetes control) और नियमित व्यायाम एक साथ होते हैं।

टाइप-2 डायबिटीज़ वाले किसी भी व्यक्ति के लिए "चलते रहना" (regular walk) मंत्र है, और ऐसा करने का सबसे अच्छा तरीका है पैदल चलना।

कई स्वास्थ्य अधिवक्ता, साथ ही कई फिटनेस ऐप और डिवाइस, लोगों से प्रतिदिन 10,000 कदम चलने का लक्ष्य रखने का आग्रह करते हैं।

आजकल की खान-पान की आदतों को अस्वास्थ्यकर माना जाता है, क्योंकि इसमें वसा और कार्बोहाइड्रेट की मात्रा अधिक होती है। अधिक वज़न वाले व्यक्तियों को मधुमेह जैसी जीवनशैली संबंधी बीमारियों का शिकार होने का अधिक जोखिम होता है। किशोरों और युवा वयस्कों में ज़्यादा खाने की आदत भी तेजी से विकसित हो रही है।

देश में सबसे प्रमुख कार्य संस्कृति (work culture), जिसमें एक ही स्थिति में घंटों बैठना और बहुत कम या बिल्कुल भी शारीरिक गतिविधि के साथ-साथ फास्ट फूड खाना शामिल है, कामकाजी आयु वर्ग में बढ़ता तनाव भी मधुमेह का एक प्रमुख कारण है।

जीवनशैली में बदलाव

- कैलोरी सेवन को नियंत्रित करके अपने शरीर के वज़न को अपनी उम्र और ऊँचाई के अनुसार बनाए रखें।
- ब्लड शुगर और रक्तचाप को नियंत्रित रखने के लिए नियमित व्यायाम ही एकमात्र कुंजी है।
- "जंक फूड" त्यागें जो संतृप्त वसा (trans fat) और चीनी से भरे होते हैं (सभी गहरे तले हुए खाद्य पदार्थ, चॉकलेट, आइसक्रीम, कृत्रिम पेय)।
- शराब और तंबाकू त्यागें और चाय/कॉफ़ी कम पिएँ। प्राकृतिक खाद्य पदार्थ, सब्जियाँ, फल, अनाज, फलियाँ और मेवे अपनाएँ और स्वास्थ्यवर्धक खाद्य पदार्थ ही खाएँ (हमेशा लेबल देखें)।
- अपने भोजन का आकार कम करें और बारंबारता बढ़ाएँ (small frequent meals)।

- अपने आहार को कुछ चुनिंदा खाद्य पदार्थों तक सीमित न रखें।

किसी भी मात्रा में शारीरिक गतिविधि करने से स्वास्थ्य लाभ हो सकता है, लेकिन ऐसा प्रतीत होता है कि मधुमेह की रोकथाम के लिए, सबसे अधिक लाभ प्राप्त करने के लिए कुछ उच्च तीव्रता वाली गतिविधियों, जैसे तेज चलना, में शामिल होना महत्वपूर्ण है।

"ब्रिटिश जर्नल ऑफ स्पोर्ट्स मेडिसिन" में प्रकाशित अध्ययन के अनुसार, तेज चलने से जीवन में बाद में टाइप-2 मधुमेह विकसित होने का लगभग 40% कम ख़तरा होता है।

यह पाया गया कि और भी तेज़ चलने से (6 किमी/घंटा) से अधिक की दर से मधुमेह का ख़तरा 39% कम हो जाता है। वास्तव में, शोधकर्ताओं का कहना है कि चलने की गति में हर 1 किमी/घंटा (0.6 मील प्रति घंटे) की वृद्धि Type 2 Diabetes होने के 9% risk कम हो जाता है। 6 किमी/घंटा की गति से चलने का मतलब है एक घण्टे में लगभग 8,000 कदम चलना।

तेज चलने की गति बेहतर कार्डियोरेस्पिरेटरी फिटनेस और मांसपेशियों की ताकत से जुड़ी है और तेज चलना वजन घटाने के लिए अच्छा है, जो इन्सुलिन संवेदनशीलता को बेहतर बनाने में मदद करता है। तेज चलने से आपको सहनशक्ति बढ़ाने, अतिरिक्त कैलोरी जलाने और अपने दिल को स्वस्थ बनाने में मदद मिल सकती है। यह शरीर को इन्सुलिन का अधिक प्रभावी ढंग से उपयोग करने में मदद कर सकता है। यह आपके जोड़ों पर आसान है। यह तनाव के स्तर और अवसाद (depression) और चिंता के लक्षणों को कम करने में मदद करता है।

तेज चलने के लाभ

वजन घटाने में मदद करता है

तेज चलने से आपको अधिक कैलोरी जलाकर अपने शरीर में

अतिरिक्त वजन या वसा कम करने में मदद मिल सकती है। यह दुबली मांसपेशियों को बढ़ाता है और आपके फिटनेस स्तर को बढ़ाता है, जो बदले में मोटापे जैसे अन्य जीवनशैली विकारों के खतरे से निपटने में भी मदद करता है।

हृदय स्वास्थ्य को बेहतर बनाने में मदद करता है

नियमित तेज चलने से हृदय की धड़कन बढ़ने के साथ ही हृदय स्वास्थ्य में सुधार करके धमनियों के सिकुड़ने, सीने में दर्द, दिल के दौरे या स्ट्रोक जैसे विभिन्न हृदय रोगों के खतरे को कम करने में मदद मिल सकती है।

उच्च रक्तचाप में नियंत्रण

हर दिन तेज गति से चलने का एक और लाभ यह है कि यह रक्त वाहिकाओं की कठोरता को कम करके उच्च रक्तचाप को प्रबंधित करने में मदद करता है, जिससे रक्त का प्रवाह आसान हो जाता है।

ब्लड शुगर (या ग्लूकोज) के स्तर को नियंत्रित करता है

नियमित रूप से तेज चलने से इन्सुलिन (अग्नाशय द्वारा स्रावित एक हार्मोन) की संवेदनशीलता को बढ़ाने में मदद मिल सकती है। इसका मतलब है कि रक्त कोशिकाएं ऊर्जा के लिए ग्लूकोज को खींचने के लिए इन्सुलिन का बेहतर उपयोग करने में सक्षम हो जाती हैं।

मानसिक स्वास्थ्य में सुधार

तेज चलने से व्यक्ति की नींद में सुधार, आत्म-सम्मान को बढ़ावा देने और दिमागी शक्ति का निर्माण करके उसके मानसिक स्वास्थ्य को बेहतर बनाने में भी मदद मिलती है। यह मस्तिष्क और शरीर में रक्त परिसंचरण (blood circulation) को बढ़ाता है, जिससे तनाव का स्तर कम होता है।

स्वयं जांच पड़ताल (सेल्फ मोनिटीरिंग)

1. जटिल मामलों में रक्त शर्करा (ब्लड शुगर) की स्वयं जांच पड़ताल जरूरी है, इसे सेल्फ मोनिटीरिंग कहते हैं।
2. इसके द्वारा आप अपनी एक डायरी बना सकते हैं, जिसमें नियमित रूप से स्वयं जांच पड़ताल करके लिख सकते हैं। स्वयं जांच पड़ताल से पता चलता है कि क्या आपकी बीमारी नियंत्रण में है या नहीं।
3. हर डायबिटिक रोगी को रक्त में शक्कर के अलावा खून में कोलेस्ट्रोल एवं चर्बी की भी जांच करानी चाहिए।

रक्त में शक्कर के स्तर को खुद परखना (ब्लड शुगर मोनिटीरिंग)

ग्लुकोनोमीटर यंत्र से रक्त में शक्कर के स्तर को खुद रोज कई बार नापा जा सकता है। इसके बहुत फायदे हैं, खास कर–

- उन लोगों में जिनके ब्लडशुगर में बहुत उतार–चढ़ाव होता है, उन्हें ब्रिटल डायबिटिक कहते हैं।
- वो लोग जो डायबिटीज़ का पूर्णतः नियंत्रण चाहते हैं।
- गर्भवती डायबिटीक महिलाओं में।
- हर इन्सुलिन निर्भर डायबिटिक के लोगों को।

मूत्र टेस्ट भी जरूरी है खून की जांच के साथ

1. पेशाब में शुगर की जांच रोज करनी चाहिए।

2. अगर बेहोशी की हालत है या उल्टियों की शिकायत है तो पेशाब में किटोन की जांच करनी चाहिए। सही समय पर इलाज करवाने से डायबिटीज़ कोमा की हालत में जाने से बचा जा सकता है।
3. साल में एक बार पेशाब में प्रोटीन, माइक्रोएल्बुमिन की जांच करानी चाहिए। जब तक माइक्रोएल्बुमिन की मात्रा पेशाब में नहीं आती है इसका मतलब है कि मधुमेह रोग का गुर्दे पर असर नहीं पड़ा है।

रक्त में शक्कर

जो लोग इन्सुलिन लेते हैं उन्हें रोज या सप्ताह में 2–3 बार खून की जांच करानी चाहिए।

जो लोग मधुमेह रोग के निदान के लिए गोलियों का उपयोग करते हैं उन्हें सप्ताह में एक बार खून की जांच अवश्य करानी चाहिए।

लैब टेस्टस (Lab Tests)

खाली पेट एवं खाने के दो घण्टे बाद लैब में जाकर खून की जाँच कराई जा सकती है। जो लोग डायबिटीज़ को नियंत्रण में करने के लिए दवाईयाँ लेते हैं, उन्हें दवाइयाँ लेकर ही खाने के दो घण्टे बाद जाँच करानी चाहिये। अगर आप दवाई नहीं लेंगे तो शुगर लेवल अधिक होंगे। सर्जीकल इमरजेन्सी के दौरान एक दिन में कई बार खून की जाँच की जाती है।

हाइपोग्लाइसीमिया
(रक्त में शक्कर का कम होना)

- रक्त में शर्करा की मात्रा कम हो जाने की स्थिति को हाइपोग्लाइसीमिया कहते हैं। जब आपके रक्त में शर्करा की मात्रा कम हो जाये लेकिन आपको इससे सम्बन्धित किसी परेशानी का आभास न हो तो ऐसी स्थिति को अनजानी हाइपोग्लाइसीमिया कहते हैं।
- अगर आप इन्सुलिन या कोई और मधुमेह की दवा ले रहे हैं तो आप की रक्त शर्करा का स्तर बहुत कम हो सकता है। किसी मधुमेह से पीड़ित व्यक्ति के लिए यह स्तर 70 मिग्रा./डेसिलिटर से कम होना चाहिए।
- साधारणतया व्यक्ति हाइपोग्लाइसीमिया से सम्बन्धित जिन परेशानियों का अनुभव करता है उनमें हैं–सिर में भारीपन, त्वचा में पसीने का आना। यहाँ तक कि न्यूरोपैथी भी आपके शरीर की रक्त शर्करा को कम करने का काम कर सकती है। अगर आपको अक्सर हाइपोग्लाइसीमिया हो जाता है तो आप इसके अभ्यस्त हो जाते हैं और आप के शरीर की रक्त शर्करा कब कम हो जाती है यह आपको पता नहीं चल पाता है।
- अगर आपको यह पता नहीं चल पा रहा है कि आपके शरीर की रक्त शर्करा कम हो रही है तो आप जल्दी से खुद इसका उपचार कर पाने में असमर्थ हो सकते हैं।
- अगर आप गम्भीर हाइपोग्लाइसीमिया से ग्रस्त हो गये हैं, तो आपको किसी और की सहायता की जरूरत हो सकती है, ऐसी स्थिति में आपको झटके आ सकते हैं या बेहोशी हो सकती है। ऐसी स्थिति में अगर आप कार चला रहे हैं या

कोई मशीन चला रहे हैं तो अपने साथ-साथ दूसरों को भी परेशानी या खतरे में डाल सकते हैं।

हाइपोग्लाइसीमिया के लक्षण

रक्त में शर्करा के कम होने के कई लक्षण होते हैं। अगर आपको हाइपोग्लाईसीमिया की अनभिज्ञता (hypoglycemia unawareness) है तो हो सकता है कि कोई भी पूर्ववर्ती लक्षण आपको न हो। दी गयी तालिका में कुछ ऐसे लक्षण दिए गये हैं जो आपको हो सकते हैं।

प्रारम्भिक लक्षण

- त्वचा में सुन्नपन
- कमजोरी
- शरीर का पीला पड़ना
- झुंझलाहट
- भूख लगना
- कमजोरी
- शरीर में भारीपन या सनसनाहट होना
- ठंड लगना
- बढ़ा हुआ रक्तचाप

बाद के लक्षण

साधारणतः ये पहले लक्षण होते हैं जब आपको यह समझना चाहिए कि आप हाइपोग्लाइसीमिया से पीड़ित हैं

- अंगों में सामंजस्य की कमी
- आवाज का लड़खड़ाना
- ध्यान न लगना
- सोचने की क्षमता में कमी का आना
- असामान्य व्यवहार या चिड़चिड़ापन

रात्रि में हाइपोग्लाइसीमिया के लक्षण

ये ऐसे लक्षण होते हैं जिनकी जानकारी हो सकता है कि आपको न पता चले लेकिन जो आपके साथ है उसको इसका पता चल सकता है। सोते समय रक्त में शर्करा की मात्रा का कम होना आपके लिए बड़ी समस्या बन सकती है। इसके मुख्य लक्षण निम्न हो सकते हैं–

- पसीने का आना
- चिल्लाना
- नींद में चलने की आदत
- करवटें बदलना
- अचानक जगना और कुछ समझ में न आना या थकान का अनुभव करना

उपचार के नियम

अगर आप ऊपर दिये किसी भी दिये लक्षण को महसूस करते हैं तो आपको अपने रक्त की शर्करा की जाँच कराने और इसकी कमी को पूरा करने की जरूरत है।

- अगर आपको कमी के लक्षणों का एहसास हो तो सर्वप्रथम अपनी ब्लड शुगर जाँच करें।
- अगर यह बहुत कम आता है तो 15 ग्राम शर्करा खायें या पियें।
- 15 मिनट तक इन्तजार करें फिर दूसरी जाँच करें।
- अगर ये अभी भी बहुत कम है तो फिर से 15 ग्राम शर्करा खायें या पियें।
- फिर से 15 मिनट प्रतीक्षा और जाँच करें और अगर जरूरत हो तो फिर से 15 ग्राम शर्करा खायें या पियें।
- यदि अभी भी आप की शर्करा का स्तर बहुत कम आता है तो किसी नजदीकी चिकित्सक से मिलें या अपने डॉक्टर को बुलायें।

कुछ शर्करा के उदाहरण हैं–

- 3–4 शर्करा की गोलियाँ (sugar tablets), ½ कप जूस या ½ कप fruity या जूस (शीतलपेय)

- यदि लक्षण शर्करा खाने से नहीं समाप्त होते हैं तो आपको दौरे पड़ सकते हैं या बेहोशी की अवस्था हो सकती है। इसलिये एक ग्लूकेगोन किट और अपना पर्चा (prescription) हमेशा साथ में रखें।

ग्लूकेगोन एक प्रकार का हारमोन है जो रक्त में शर्करा की मात्रा को बढ़ाता है। आपके परिवार के लोगों को, दोस्तों और सहकर्मियों को ग्लूकेगोन के प्रयोग की जानकारी होनी चाहिए। उनको इस बात से अवगत करायें कि यदि आप बेहोशी की हालत में होते हैं तो वे आपको कोई चीज मुँह से न दें। चाशनी मुँह के अंदर लगाई जा सकती है।

तुरन्त अपने चिकित्सक से परामर्श करें

अपने चिकित्सक को बतायें कि–

- क्या आप हाइपोग्लाइसीमिया के साधारण लक्षणों में कोई परिवर्तन अनुभव कर रहे हैं।
- क्या अचानक से रक्त शर्करा के सामान्य स्तर में गिरावट साधारण से ज्यादा हो रही है।
- क्या हाइपोग्लाइसीमिया बार-बार हो रही है।

अपने डॉक्टर को बतायें कि आप कैसे शर्करा का परीक्षण करते हैं। और यह भी बतायें कि किस स्तर पर आपको कमी का आभास होता है। साधारण स्तर (70 मिलीग्राम/डेसीलीटर) हर इन्सान के लिए अच्छा नहीं होता है। थोड़े समय में अपनी रक्त शर्करा के स्तर को एक निश्चित स्तर तक पहुँचाना जरूरी है। यह साधारणतः आपको हाइपोग्लाइसीमिया के लक्षणों की पहचान करने में सहायता कर सकता है। अपने मधुमेह विशेषज्ञ से मिलकर अपने खान-पान और दिनचर्या के बारे में उचित परामर्श लें। यह भी हाइपोग्लाइसीमिया की स्थिति को सुधार सकता है। अपने चिकित्सक से मिलकर अपनी इन्सुलिन की मात्रा, उसके प्रकार आदि के बारे में सलाह करें। किसी-किसी के लिए एक दूसरा उपाय इन्सुलिन पम्प का भी है। एक पम्प इन्सुलिन को लगातार आपके शरीर में पहुँचाती है और हाइपोग्लाइसीमिया के खतरे को कम करती है।

निम्नलिखित उपाय आपको करने चाहिए–

यदि आपको हाइपोग्लाइसीमिया है तो अपने रक्त की शर्करा की जाँच करते रहें। अगर यह कम आये तो आपको नियम 15 का पालन करना चाहिए जो इसमें दिये गये हैं। अगर आपको लग रहा है कि आपको कमी हो गयी है लेकिन आप जाँच करने में असमर्थ हैं तो ऐसी स्थिति में थोड़ी सी शर्करा की मात्रा खा लें या पी लें। फिर जब थोड़ा आराम महसूस करें तो जाँच कर लें।

अपनी रक्त शर्करा के जाँचों की रिपोर्ट, आपने क्या खाया है, कितना कार्य किया और अपने इन्सुलिन की मात्रा में किसी परिवर्तन का सावधानीपूर्वक उल्लेख करते हुए पूरा रिकार्ड रखें।

जब कभी आपको कमी का एहसास हो तो अपने रिकार्ड की जाँच करें और यह जानने की कोशिश करें कि इसका क्या कारण हो सकता है। अपने चिकित्सक को इसकी जानकारी दें। ये सारे रिकार्ड आपको अपनी कमी के कारणों का पता लगाने में मदद करेंगे कि ये किसी व्यायाम से हुआ है या आपकी दिनचर्या में किसी परिवर्तन की वजह से ऐसा हुआ है। किसी तरह की कमी के लक्षणों से सदा सावधान रहें। अपने चिकित्सक, सम्बन्धियों और दोस्तों से नयी जानकारियाँ लेते रहें। अपने परिवारीजनों और दोस्तों को यह जानकारी समय-समय पर देते रहें कि कैसे उन्हें आपके रक्त शर्करा की कमी की पहचान हो सके।

आपको इनकी भी आवश्यकता है–

- सोने से पहले, 1 am से 3 am के बीच में और सुबह उठने पर सबसे पहले अपनी रक्त शर्करा की जाँच करें यदि आपको ऐसा लगता है कि रात में आपको कमी हो गयी थी।
- गाड़ी चलाने से पहले और किसी लम्बी यात्रा के दौरान हर घण्टे में जाँच करें।
- अपने साथ हमेशा शर्करा का कोई स्रोत रखें विशेषतः अपनी कार में।
- अपने साथ सदैव अपने चिकित्सक का पता रखें व आई कार्ड रखें कि मैं एक डायबिटिक हूँ।

रक्त में कम शक्कर होना या हाइपोग्लाइसीमिया के लक्षण व सावधानी

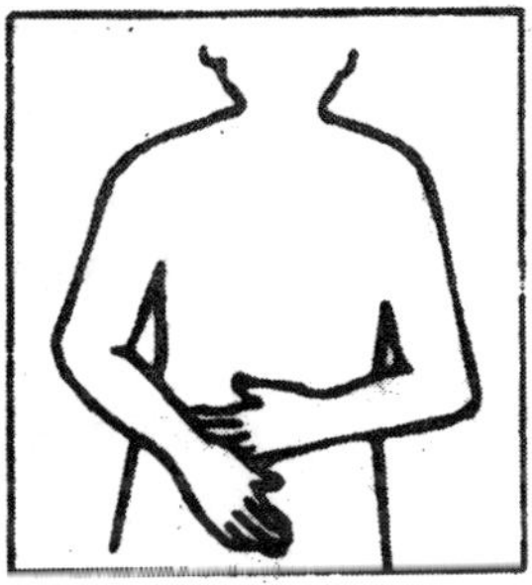

चित्र 1
भूख का दर्द

चित्र 2
पसीना निकलना व काँपना

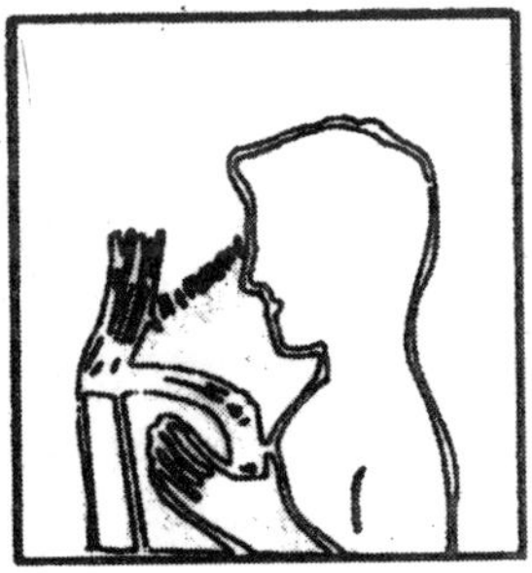

चित्र 3
धुंधला दिखायी पड़ना

चित्र 4
सिरदर्द

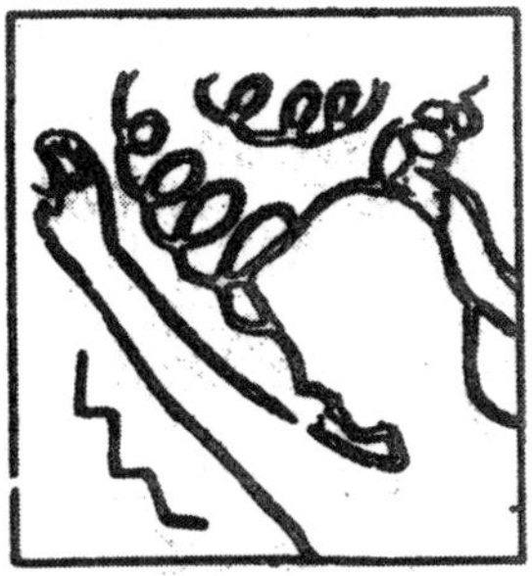

चित्र 5
चक्कर आना

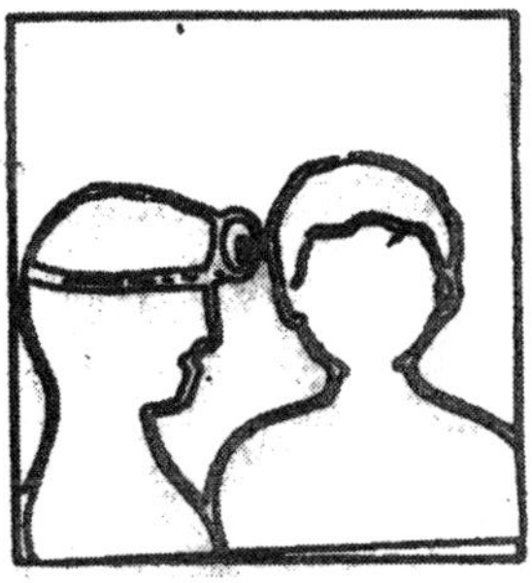

चित्र 6
अगर आपको यह लक्षण हों तो अपने डॉक्टर की राय लें

रक्त में कम शक्कर होना या हाइपोग्लाइसीमिया के लक्षण व सावधानी

चित्र 7
कड़ी मेहनत या व्यायाम के पहले कुछ न कुछ अवश्य खाएं।

चित्र 8
अपने परिवार एवं मित्रों को हाइपोग्लाइसीमिया के बारे में बताएं ताकि आवश्यकता पड़ने पर संकट की घड़ी में वे आपकी मदद कर सकें।

चित्र 9
इन्सुलिन की मात्रा, शारीरिक क्रियाकलापों व भोजन में तालमेल बैठाना सीखें।

चित्र 10
संकट के समय के लिए कुछ मीठी चीजें सदा साथ रखें।

डायबिटिक कोमा (बेहोशी)

हाइपरग्लाइसीमिया—खून में अत्यधिक शक्कर

कई बार डायबिटीज़ के मरीज के खून में शक्कर का स्तर बहुत अधिक हो जाता है उस हालत में भी मरीज की हालत खराब हो जाती है एवं बेहोश भी हो जाता है।

कारण

अगर भोजन अधिक खाया जाए, कोई भी परहेज न किया जाए तथा दवाएं या इन्सुलिन न ली जायें तो हाइपरग्लाइसीमिया या डायबिटिक कोमा हो सकता है। सामान्यतः ऐसी स्थिति टाइप-एक डायबिटीज़ या इन्सुलिन निर्भर मधुमेह में पाई जाती है।

टाइप-दो डायबिटीज़ या बिना इन्सुलिन निर्भर मधुमेह के रोगियों की भी ऐसी अवस्था हो सकती है अगर सारे शरीर में संक्रमण (इन्फेक्शन) हो जाए।

कीटोएसिडोसिस के लक्षण

- सामान्य से ज्यादा भूख या प्यास लगे
- बार-बार पेशाब आए
- अचानक वजन कम हो जाए
- आम दिनों से ज्यादा थकान या नींद आए
- उल्टी हो या पेट खराब लगे
- पेट में दर्द हो

– सांस में पके फलों की महक आए
– लगे कि आपकी सांसें तेज और गहरी हो गई हैं।

अगर आपका रक्त शक्कर स्तर 240 मि.ग्रा. से अधिक है तो मूत्र में कीटोन्स की जांच कराएं।

अक्सर मरीज को एक–दो दिन पहले बहुत प्यास लगती है या अधिक पेशाब आता है, फिर कमजोरी, उल्टी या दिल मिचलाने लगता है, उसके बाद मरीज की चेतना कम होती जाती है तथा मरीज बेहोश हो जाता है, जुबान सूख जाती है एवं शरीर पर भी कोई पसीना वगैरह नहीं आता। ऐसे मरीजों की सांस में से गले हुए फलों या गन्ने की दुकान में जो बदबू आती है, जैसी गन्ध आती है। पेट में दर्द हो सकता है एवं पेट फूल जाता है।

अगर रक्त की जांच कराएं तो शक्कर की मात्रा बहुत अधिक होती है। पेशाब की जाँच में कीटोन होता है।

बचाव व निदान

मरीज को डायबिटिक कोमा के बारे में ज्ञान एवं उसके शुरू के लक्षणों के बारे में पता हो तो बेहोशी में जाने से बचा जा सकता है।

– मरीज को तुरन्त अस्पताल में ले जाना चाहिए जहां पर खून आदि की जांच करके इन्सुलिन व बाकी उपचार किया जा सकता है।
– डायबिटिक कोमा से मृत्यु भी हो सकती है खासकर उन लोगों में जो वृद्ध होते हैं या जिनके गुर्दे खराब होते हैं।

सावधानियां हर मधुमेह के रोगी के लिए

अपने रक्त शर्करा को नियंत्रित करने के लिए उचित कार्यवाही करने के साथ–साथ कुछ अन्य सावधानियां बरत कर आप स्वास्थ्य के लिए होने वाली अन्य समस्याओं के खतरे को कम कर सकते हैं।

- नियमित रूप से अपनी रक्तचाप और रक्त वसा की जांच कराइए। अगर ये अधिक हों तो यह मालूम करिए कि आपको क्या करना है और फिर फौरन इलाज में लग जाइए।
- नेत्र विशेषज्ञ द्वारा हर साल अपनी आंख का पूरा निरीक्षण करायें (यानी मात्र चश्मा लगाने की जांच से अधिक)। रेटिना (retina) जांच एक अंधेरे कमरे में होती है, इसमें आप की आंख के अंदर की तस्वीरें भी ली जा सकती हैं।
- हर दिन अपने पैरों और त्वचा की जांच कीजिए। अगर आप को चोट लगी है, दर्द है, या आपको कहीं पर संक्रमण के संकेत नजर आ रहे हों तो फौरन इलाज कराइए।
- धूम्रपान नहीं कीजिए। धूम्रपान और मधुमेह एक खतरनाक संयोजन है, विशेषकर तब जबकि आपको उच्च रक्तचाप की भी शिकायत हो।
- गुर्दे की किसी भी खराबी का पता लगाने के लिए हर साल अपने रक्त और मूत्र की जांच कराइए। पता कीजिए कि परिणाम क्या दर्शा रहे हैं। जानिए कि अपने गुर्दे की सुरक्षा के लिए आप क्या कर सकते हैं।
- चाहे आपको कोई स्पष्ट पेचीदगी न हो तो भी अपने डॉक्टर से नियमित परामर्श करें। शुरू में आपको प्रतिमाह अपनी जांच करवानी जरूरी है। एक बार आपकी रक्त शर्करा की मात्रा स्थिर हो जाती है, तो इसके बाद भी प्रति तीन महीने में जांच कराने की सलाह दी जाती है।

आपातकालीन स्थितियाँ

मधुमेह में दो प्रकार की आपातकालीन स्थितियां पैदा हो सकती हैं–

(अ) खून में शक्कर की मात्रा का बहुत/अत्यधिक होना या हायपरग्लाइसीमिया या कीटोएसिडोसिस का होना।

(ब) खून में शक्कर की मात्रा बहुत कम हो जाना या हायपोग्लाइसीमिया दोनों स्थितियों में काफी भिन्नता होती है–

हायपरग्लाइसीमिया या कीटोएसिडोसिस	**हायपोग्लाइसीमिया या रक्त में कम शक्कर का होना**
ध्यान देने योग्य बातें	
– अधिक प्यास का लगना या अधिक मात्रा में पेशाब आना	– बहुत अधिक पसीना आना एवं बेहोशी आना
– पेशाब में अधिक शक्कर का होना	– सिरदर्द
– पेशाब में अम्ल या कीटोन (एसीटोन) होना	– दिल धकधक करना
– कमजोरी एवं पेट में दर्द होना	– कपकपी का आना
– सांस गहरी एवं खिंच के आना	– भूख लगना
– भूख कम लगना, दिल मिचलाना एवं उल्टी आना	– नशा या खुमारी छाना
– सांस में एसीटोन की बदबू (ज्यादा पके फलों जैसी)	– व्यवहार में बदलाव एवं गुस्सैल हो जाना

– जुबान का सूखना	– फौरन ग्लूकोज घोल पिलाएं या फलों का रस या कोई भी भोजन या मीठी चीज खिलाएं
– चिकित्सक से संपर्क करें	
– अगर रोगी बेहोश नहीं है तो मुंह से खूब मात्रा में पानी पिलाएं	– इन्सुलिन का टीका नहीं लगाएं
– खून या पेशाब की शक्कर के लिए जांच करवाएं।	– अगर मरीज बेहोश है तो कुछ भी मुंह से नहीं खिलाएं
– कीटोन्स के लिए पेशाब की जांच करवाएं	– चिकित्सक को बुलाएं

कारण

– खाने में सावधानी न रखना एवं कोई परहेज न करना	– बहुत अधिक इन्सुलिन इस्तेमाल करना
– इन्सुलिन का टीका न लगाना या गोलियां नहीं खाना	– पूरा खाना नहीं खाना या उपवास रखना तथा इन्सुलिन का टीका लगा लेना
– शरीर में किसी रोग का होना, बुखार आना	– बहुत अधिक व्यायाम कर लेना
– तनावपूर्ण मानसिक स्थिति	– खाना देर से खाना

जटिलताओं का कैसे पता लगता है?

मधुमेह की जटिलताओं से बचने के लिये आवश्यक है कि समय-समय पर मधुमेह के रोगी कुछ विशेष जांच कराते रहें। इन जांचों द्वारा जटिलताओं का विशेषकर गुर्दे पर असर, आंखों पर असर एवं हृदय रोगों की शुरुआत की स्थिति में ही पता लग सकता है तथा इस समय पर मधुमेह को सही प्रकार नियंत्रित रखकर तथा रक्तचाप को नियंत्रित रखकर इनको आगे बढ़ने से रोका जा सकता है।

1. हृदयरोग

अगर आपके परिवार में हार्ट अटैक का इतिहास है या आपकी आयु 40 वर्ष से अधिक है तथा आपका वजन अधिक है या आपको उच्च रक्तचाप रहता है तो आपको निम्नलिखित जांच अवश्य करानी चाहिये–

- ब्लड प्रेशर की जांच
- रक्त में कोलेस्ट्रोल या ट्रायग्लिसराइड्स की जांच (Lipid-Profile)
- ई.सी.जी.
- ट्रेड मिल टेस्ट (T.M.T.)

2. आंखों के रोग

- चश्में के नम्बर की ठीक तरह जांच कराना
- वर्ष में एक बार आंखों के विशेषज्ञ द्वारा आंखों के पर्दे की जांच।

3. पैरों की जांच

जब भी डॉक्टर को दिखाने जाएं तो उन्हें बतायें कि पैरों में खून के दौरे एवं नसों की जांच अवश्य करें एवं नाखून के रंग एवं अन्य किसी प्रकार के इन्फेक्शन का पता लगाएं।

4. गुर्दे के रोग

मधुमेह के हर रोगी को वर्ष में एक बार पेशाब में माइक्रोएल्ब्युमिन की जांच अवश्य करानी चाहिए। इसकी उपस्थिति इस बात का संकेत है कि मधुमेह का गुर्दे पर असर शुरू हो गया है एवं मधुमेह तथा रक्तचाप को नियंत्रण में रखकर इसे आगे बढ़ने से रोका जा सकता है।

ब्लड यूरिया एवं क्रिएटिनिन

इस टेस्ट के द्वारा गुर्दों पर असर होने का पता लगता है तथा यूरिया एवं क्रिएटिनिन की बढ़ी हुई मात्राएं बीमारी की एडवान्स स्थिति को दर्शाती हैं।

पेशाब का सामान्य टेस्ट

सामान्यतः सभी रोगी केवल पेशाब में शुगर की जांच कराते हैं। मधुमेह के हर रोगी को पेशाब की आम जांच अवश्य करानी चाहिये जिससे यह पता लगता है कि कहीं उसे पेशाब में या गुर्दे में इन्फेक्शन तो नहीं है। अगर पेशाब में पस सेल्स (Pus cells) आती है तो ऐसी स्थिति को *यू.टी.आई.* (U.T.I.) कहते हैं एवं ऐसे समय में मधुमेह भी नियंत्रण में नहीं रहता। अगर एन्टीबायटिक्स (डॉक्टर की सलाह से) ले ली जाये तो इन्फेक्शन तो ठीक होता ही है इसके साथ–साथ ब्लड शुगर भी कम हो जाता है।

क्या ऐसे टेस्ट हैं जिनसे मधुमेह की जटिलताओं का पहले से ही पता लग जाए?

1. ग्लाइकोसिलेटिड हीमोग्लोबिन (HbA1c) (Glycosylated Haemoglobin)

नॉर्मल	4–6%
प्री–डायबिटिक	5.7%–6.4%
डायबिटिक	6.5% और अधिक

हर डायबिटिक रोगी को अगर जटिलताओं से बचना है तो अपने HbA1c को 7% से कम रखना चाहिये।

इस रक्त की जांच से पिछले तीन महीनों में रक्त में शक्कर की मात्रा के बारे में पता लगता है। इसका महत्व सभी मधुमेह के रोगियों के लिए इसलिए भी होता है क्योंकि इससे यह भी पता चलता है कि पिछले तीन महीनों से जो दवाइयाँ आप ले रहे हैं वो असर कर रही थीं या नहीं। इसके अतिरिक्त इसका महत्त्व उन महिलाओं के लिए भी है जो गर्भधारण करना चाहती हैं क्योंकि अगर गर्भधारण के समय रक्त में शक्कर की मात्रा सामान्य नहीं होगी तो बच्चा में पैदायशी शारीरिक या मानसिक विसंगतियाँ (congenital anomalies) हो सकती है।

2. माइक्रोएलब्युमिन (Microalbumin)

यह पेशाब का टेस्ट (test) होता है। एक सामान्य व्यक्ति के पेशाब में माइक्रोएलब्युमिन नहीं होता है। पेशाब में माइक्रोएलब्युमिन होने का मतलब है कि गुर्दों पर मधुमेह का असर होना शुरू हो गया है।

ऐसी हालत में अगर रक्त में शक्कर की मात्रा के साथ–साथ रक्तचाप भी नियंत्रित किया जाए तो बीमारी की आगे बढ़ने की संभावना कम हो जाती है। इसी समय अगर खाने में प्रोटीन जैसे–दालें, पनीर, अंडे इत्यादि की मात्रा कम कर दें तो बीमारी आगे नहीं बढ़ती एवं यहीं पर रुक जाती है, और सुधार होना शुरू हो जाता है। इस प्रकार इस टेस्ट के माध्यम से आप गुर्दों के ऊपर पड़ने वाले मधुमेह के असर का पता लगा सकते हैं। इस टेस्ट को स्ट्रीप (Strip) या 24 घण्टे का पेशाब एकत्रित करके किया जाता है।

हर मधुमेह के रोगी को वर्ष में एक बार यह टेस्ट जरूर करवाना चाहिए।

3. हृदय रोगों का पता लगाना

कई बार मधुमेह के रोगी जब किसी और कारण से हृदय की जांच करवाते हैं तो पता चलता है कि उनकी EGC में खराबी है जिसका उन्हें पता ही नहीं था। मधुमेह के रोगियों में हार्ट–अटैक एवं एन्जाइना होने की संभावना बाकी लोगों की अपेक्षा चार गुणा अधिक होती है। विडंबना यह है कि यह हार्ट–अटैक 30–40 वर्ष की उम्र में ही हो जाते हैं एवं अधिकतर लोगों में छाती में दर्द भी नहीं होता है।

इससे बचने के लिए मधुमेह के हर उस रोगी को जिसका वजन अधिक है या उच्च रक्तचाप है या परिवार में हृदय रोग का इतिहास है या उम्र 35 वर्ष से अधिक है को हर वर्ष अपना ECG करवाना चाहिए और अगर आपका डॉक्टर T.M.T. करवाने की सलाह दे तो इस टेस्ट में भी रोग का पता चल सकता है एवं सही समय पर उपचार शुरू करके अपना बचाव किया जा सकता है।

4. रक्त में कोलेस्ट्रोल एवं ट्रायग्लिसराइड्स की जांच

मधुमेह रोगियों में अक्सर रक्त में चर्बी की मात्रा अधिक होती है। रक्त में ट्रायग्लिसराइड्स एवं बुरा कोलेस्ट्रोल जिसे एल.डी.एल. एवं वी.एल.डी. कहते हैं, इनके स्तर बहुत अधिक होते हैं। इतनी अधिक

मात्रा के कारण यह रक्त की नलिकाओं में जमा होकर रूकावट डालने लगता है। जिसकी वजह से हार्ट–अटैक या एन्जाइना हो सकता है। हर मधुमेह के रोगी को छः महीने में एक बार रक्त में कोलेस्ट्रोल, ट्रायग्लिसराइड्स की जांच करानी चाहिए एवं आजकल ऐसी दवाइयां उपलब्ध हैं जिनके सेवन करने से इनके स्तर में कमी आ सकती है एवं हार्ट–अटैक से बचा जा सकता है।

5. मधुमेह की बीमारी का पहले ही पता लगने के क्या लाभ हैं (Benefits of Early detection of DM on Day to Day Life)

मधुमेह की बीमारी की शुरुआत एवं मधुमेह के लक्षण जिस समय शुरू होते हैं, जैसे अधिक प्यास लगना, बार–बार पेशाब के लिए जाना एवं वजन कम होना के बीच में 8 से 10 वर्ष का समय होता है। इसी कारण मधुमेह रोगी जब वो पहली बार डॉक्टर के पास इस रोग के लिए सलाह लेने जाते हैं, उनमें से 50 प्रतिशत से अधिक को मधुमेह की जटिलताएं होती हैं, जैसे आंखों एवं गुर्दों पर इसका असर हो चुका होता है। बहुत अधिक समय तक उच्च रक्तचाप एवं रक्त में अधिक शक्कर की मात्रा में ह्रदय रोग, आंखों से कम दिखना, नपुंसकता एवं गुर्दों की खराबी हो जाती है। अतः अगर बीमारी का पहले ही पता चल जाए एवं उपचार शुरू कर दिया जाए तो इन सभी भयानक जटिलताओं से बचा जा सकता है एवं मधुमेह के होते हुए भी एक सामान्य व्यक्ति की तरह जीवन–निर्वाह किया जा सकता है।

याद रखें

हर मधुमेह के रोगी को A.B.C. याद रखनी चाहिये–

A. ग्लाइकोसिलेटिड हिमोग्लोबिन या HBA1C हर डायबिटीज़ के रोगी को इसे 7 प्रतिशत से कम रखना चाहिये।

B. BP (Blood Pressure): हर डायबिटीज़ के रोगी को रक्तचाप 130 / 80 mm Hg या इससे कम रखना चाहिये।

C. कोलेस्ट्रोल-अच्छे कोलेस्ट्रोल HDL की मात्रा 45 mg से ऊपर एवं बुरे कोलेस्ट्रोल LDL की मात्रा 100 mg से कम रखना चाहिये।

बच्चों एवं युवावस्था में डायबिटीज़

बच्चों और युवावस्था में दोनों प्रकार की डायबिटिज़ हों सकती है परन्तु अधिकतर बच्चों में Type I DM ही होती है। इसके उपचार के लिए इन्सुलिन के टीके की जरूरत पड़ती है। आज से 50–60 वर्ष पूर्व के जिन बच्चों को यह बीमारी हुई थी तब इसके बारे में यह सोचा भी नहीं जा सकता था कि इस बीमारी के साथ आजकल की तरह सामान्य जीवनयापन किया जा सकता है। इन गुजरे हुए वर्षों में इन्सुलिन के टीके, गोलियों और नये-नये तरीकों की खोज की गई जिससे इस बीमारी का व इसकी जटिलताओं का जल्दी से जल्दी पता लगाया जा सके और इसकी रोकथाम की जा सके।

टाइप-1 डायबिटीज़

टाइप I डायबिटीज़ एक क्रोनिक ऑटोइम्यून बीमारी है जिसमें शरीर का इम्यून system।

टाइप-1

इस बीमारी को **जुवेनाइल डायबिटीज़** या **कीटोसिस प्रोन डायबिटीज़** भी कहते हैं क्योंकि जिन बच्चों के खून में शुगर की मात्रा काफी अधिक आती है, पेशाब में शुगर के अलावा कीटोन बोडीज भी होती है। इन बच्चों का खास ख्याल रखना पड़ता है क्योंकि इन्सुलिन के टीके के बिना यह बच्चे (कोमा) बेहोशी में चले जाते हैं।

टाइप-2

बहुत अधिक मोटे बच्चों में Type-2 डायबिटीज़ हो सकती है या बिना

इन्सुलिन निर्भर डायबिटीज़ होती हैं। इनके घर में कई परिवारजनों को डायबिटीज़ होती है।

बच्चों में डायबिटीज़ के लक्षण

बार–बार पेशाब जाना, खासकर रात्रि में कई बार पेशाब के लिए उठना, बहुत अधिक भूख लगना, कभी–कभी पेट में दर्द होना या पैरों में दर्द या अकड़ाव, स्कूल में पढ़ाई में पिछड़ना, आंखों से कम दिखना। बच्चे में चिड़चिड़ाहट एवं अधिक क्रोध एवं थकावट का होना मुख्य लक्षण है।

एक आठ साल के बच्चे को जो कक्षा तीन मे पढ़ रहा था इसलिए पेशाब एवं खून के टेस्ट के लिए ले जाया गया क्योंकि उसे बार–बार कक्षा से पेशाब करने जाना पड़ता था। इसके रक्त में शुगर 450 मि.ग्रा. था और पेशाब में शुगर तथा कीटोन बोडीज भी थी। इस बच्चे को इन्सुलिन के टीके लगाए गए और अब यह बच्चा अपने आप टीका लगाता है एवं एक साधारण बच्चे की तरह खेलता है और पढ़ता है।

निदान

अगर सही समय पर इलाज शुरू कर दिया जाए तो डायबिटीज़ की दूरगामी जटिलताओं से बचा जा सकता है।

इन्सुलिन, व्यायाम एवं खाने के अलावा ऐसे बच्चों को मनोबल प्रोत्साहन की जरूरत होती है। जो बच्चा कल तक खूब खेलता था एवं खूब खाता–पीता था उसे ऐसा लगेगा कि अब मेरा सब कुछ बन्द कर दिया जाएगा एवं हमेशा इन्सुलिन का टीका लगता रहेगा।

सारे परिवार के लोगों को समझना होगा और धैर्य से एवं मानसिक तनाव से दूर रहकर बच्चे का इलाज कराना चाहिए। मां–बाप एवं अन्य परिवारजनों को हायपो एवं हायपरग्लाइसीमिया के बारे में पता होना

चाहिए। अगर बच्चे में वे ऐसे लक्षण देखें तो तुरन्त ही चिकित्सक को बताकर उसका इलाज करा सकें। शुरू में ऐसा हो सकता है कि इन्सुलिन के टीके के साथ रक्त में शुगर काफी कम हो जाए एवं बच्चा हायपोग्लाइसीमिया में चला जाए। आरम्भ में दो या तीन बार रोजाना इन्सुलिन के टीके की जरूरत पड़ती है परन्तु बाद में सुबह नाश्ते से पहले एक टीके से ही शुगर नियंत्रण में रखी जा सकती है, इसमें इन्सुलिन के मिश्रण का उपयोग किया जाता है।

डायबिटिक कैम्प्स (Camps)

उन सभी बच्चों को जिन्हें डायबिटीज़ होती है उनका ग्रुप बना लिया जाता है। उन्हें सामूहिक रूप से डायबिटोलोजिस्ट, मनोवैज्ञानिक चिकित्सक एवं डायटीशियन बीमारी के बारे में शुगर को नियंत्रण करने के बारे में, आहार एवं कैलोरीज के बारे में विस्तार से समझाते हैं। इलाज का मुख्य उद्देश्य बच्चों को अपनी बीमारी का ज्ञान होना, खुद टीका लगाना एवं नियमित रूप से खुद पेशाब एवं रक्त की जांच कर अपनी बीमारी को नियंत्रण में रखना है।

गर्भावस्था में मधुमेह की बीमारी क्या है? (जेस्टेशनल डायबिटीज़)

यह एक तरह की मधुमेह की बीमारी है जोकि गर्भावस्था के दौरान होती है और सामान्यतः बच्चे के जन्म के बाद खत्म हो जाती है। हालांकि इससे मधुमेह रोग होने की सम्भावनायें या ख़तरा बढ़ जाता है, ऐसे लोग अपनी बाकी की जिंदगी में टाइप-2 मधुमेह रोगी हो सकते हैं।

गर्भावस्था में डायबिटीज़ की संभावनायें किसके लिए ज्यादा हैं

ऐसी महिलायें जो कि–

- वज़न बहुत ज्यादा है (obese)
- जिनकी उम्र 35 साल से ज्यादा है
- जिनके परिवार में किसी को मधुमेह है
- जिनको पहले भी ये बीमारी हो चुकी है।

सभी गर्भवती महिलाओं को इसकी प्राथमिक जाँच की सलाह दी जाती है।

जेस्टेशनल डायबिटीज (जी.डी.एम.) का पता कैसे लगाया जाता है

यदि 75 ग्राम ग्लूकोज खाने के दो घण्टे बाद किये गये जाँच में रक्त शर्करा का स्तर 140 मिलीग्राम/डेसीलीटर से ज्यादा या इसके बराबर

आता है तो कहा जाता है कि आपको जी.डी.एम. की (गर्भावस्था की मधुमेह) की बीमारी है।

मुझे कैसे पता चले कि मुझे यह बीमारी नहीं है

जी.डी.एम. की प्राथमिक जाँच ओरल ग्लूकोज टालरेंस टेस्ट के द्वारा की जाती है। ये टेस्ट आमतौर पर pregnancy की पहली ANC Visit में ही किया जाता है। अमेरिकन डायबिटीज़ एसोसिएशन के अनुसार–

– गर्भावस्था धारण करने के 24–28 सप्ताह में फिर से जाँच करायें।

भारतीय नियमावली के अनुसार

– ओ.जी.टी.टी. (ओरल ग्लूकोज टालरेंस टेस्ट) पहली ANC Visit पर होनी चाहिए।

– यदि यह साधारण (normal) है तो 24–28 सप्ताह में फिर से कराना चाहिए और गर्भावस्था के दौरान मधुमेह को जानने के लिए फिर से 32–34 सप्ताह के बीच यह जाँच करानी चाहिए और बाद के सप्ताहों में भी इसकी जाँच की उतनी ही आवश्यकता रहती है।

जी.डी.एम. हमारे बच्चे को कैसे प्रभावित करती है?

– रक्त में शर्करा की अधिक मात्रा होने पर बच्चे में जन्म के साथ विकारों (congenital anomalies) के होने की संभावनायें बढ़ सकती हैं। यह बच्चे के कई अंगों जैसे कि दिमाग, रीढ़ की हड्डी या हृदय को प्रभावित करने के साथ-साथ कभी-कभी गर्भपात भी कर सकता है।

– गर्भावस्था के दौरान रक्त में शर्करा की अधिक मात्रा अधिक वजन के बच्चों के लिए भी उत्तरदायी है जो बच्चे के जन्म के समय कई परेशानियों का कारण बन सकता है या कभी-कभी

समय से पहले बच्चे का जन्म हो सकता है, जिसमें कि बच्चों में सांस लेने, हृदय रोग, आंतों में संक्रमण या आँखों में देखने की क्षमता में कमी जैसी परेशानियाँ हो सकती हैं।

– बच्चों में रक्त की शर्करा का कम होना या कैल्शियम की कमी भी हो सकती है।

जी.डी.एम. मुझे कैसे प्रभावित करता है?

आपमें निम्नलिखित परेशानियों के खतरे बढ़ सकते हैं–

– गर्भावस्था के दौरान गर्भावस्था से बड़ा रक्तचाप और उससे सम्बन्धित परेशानियाँ
– जननांगों बार–बार संक्रमण का होना
– भविष्य में मधुमेह होने के खतरे का बढ़ना
– बच्चे का जन्म ऑपरेशन से होने की सम्भावना

मेरे डॉक्टर को मेरी जी.डी.एम. का उपचार कैसे करना चाहिए?

इन्सुलिन जी.डी.एम. के दौरान दी जाने वाली सबसे महत्त्वपूर्ण चिकित्सा की विधि है। हर तरह की ह्युमन इन्सुलिन, आधुनिक इन्सुलिन जैसे कि एसपार्ट (Aspart), गर्भावस्था के दौरान असरकारक सिद्ध हुई है यह माँ और बच्चे दोनों के लिए सुरक्षित और असरकारक है।

गर्भावस्था के दौरान (जी.डी.एम.) आधुनिक इन्सुलिन देने की सलाह क्यों दी जाती है?

आधुनिक इन्सुलिन आपको ज्यादा असरकारक उपचार देती है साथ ही ये आपके रक्त की शर्करा के कम होने (हाइपोग्लाइसीमिया) जैसे खतरों को भी कम करती है।

एस्पार्ट इन्सुलिन शोधों के द्वारा पूरी तरह सुरक्षित सिद्ध हुई है और गर्भावस्था के दौरान पूरी तरह सुरक्षित पायी गई है।

खाने की थोड़ी मात्रा जी.डी.एम. में क्यों सहायक होती है?

चिकित्सकीय पोषण उपचार (मेडिकल न्यूट्रीशन थिरेपी) के अनुसार गर्भावस्था के दौरान मधुमेह से ग्रस्त महिलाओं को अपने सम्पूर्ण आहार की ऊर्जा (कैलोरी) को एक साथ न लेकर उसे बाँट कर लेना चाहिए विशेषतः अपने सुबह के नाश्ते को एक बार में न लेकर उसे थोड़ा-थोड़ा करके दो बार में करना चाहिए। अपने सुबह के पूरे नाश्ते को दो भागों में बाँट दें और उसे दो घण्टे के अन्तर पर लें। ऐसा करके आप रक्त में शर्करा के स्तर में अचानक से होने वाली वृद्धि से बच सकते हैं जो कि अचानक से ज्यादा मात्रा के खाने से होती है। उदाहरण के लिए-यदि आपको 4 इडली/रोटी या ब्रेड खानी हैं, आधा अपने सुबह के नाश्ते में 8 बजे लें फिर 2 घण्टे खाने के बाद 10 बजे लें, जब आपकी रक्त शर्करा का स्तर 140 मिग्रा./डेली. हो सकता है। जबकि यदि इसी मात्रा को दो बराबर भागों में बाँटकर (जैसे कि 2 इडली/रोटी/ब्रेड) एक भाग 8 बजे सुबह लिया जाये और बाकी का आधा भाग 2 घण्टे बाद 10 बजे लिया जाये तो खाना खाने के 2 घण्टे बाद 10 बजे आपके रक्त में शर्करा की मात्रा 20–30 मिग्रा./डेली. की वृद्धि हो जाती है।

यदि मुझे जी.डी.एम. है तो क्या इसका मतलब है कि मुझे पूरी जिंदगी डायबिटीज़ मेलाइट्स की बीमारी रहेगी?

गर्भावस्था के दौरान होने वाली मधुमेह की बीमारी सामान्य रूप से बच्चे के जन्म के बाद खत्म हो जाती है। पर इससे आपको अपनी बाकी जिंदगी में टाइप-2 की मधुमेह की बीमारी के होने के खतरे बढ़ जाते हैं।

क्या मुझे जी.डी.एम. के दौरान इसके नियंत्रण के लिए डाइटिंग करनी चाहिए?

आपको डाइटिंग नहीं करनी चाहिए बल्कि आपको मेडिकल न्यूट्रीशन

थिरेपी लेनी चाहिए। यह एक अलग और विशेष प्रकार का आहार होता है, जो आपको व्यक्तिगत तौर पर आपके डॉक्टर और डायटिशियन के द्वारा दिया जाता है। मेडिकल न्यूट्रीशन थिरेपी एक प्रकार की उपचार तकनीक है जो आपको गर्भावस्था के दौरान मधुमेह की बीमारी और गर्भावस्था से सम्बन्धित परेशानियों के निदान के लिए दी जाती है।

मैं जी.डी.एम. को गर्भावस्था के बाद मधुमेह की बीमारी में बदलने से कैसे रोक सकती हूँ?

जी.डी.एम. महिलाओं में बाद में मधुमेह की बीमारी होने का एक बहुत बड़ा ख़तरा होता है और बहुत से रोगी इसके खतरों से परिचित नहीं होते हैं और प्राथमिक उपचार या बचाव का अवसर खो देते हैं।

ऐसी महिलायें जिनको जी.डी.एम. की समस्या है उनमें उनकी बाकी की जिंदगी में मधुमेह रोग होने की सम्भावनाओं को उन्हें इसके बारे में सही जानकारी देकर और उनकी दैनिक दिनचर्या और रहन–सहन में परिवर्तन लाकर कम किया जा सकता है।

(अधिक जानकारी के लिए अपने डॉक्टर से सम्पर्क करें)

क्या जी.डी.एम. पर सही नियन्त्रण करके मैं एक स्वस्थ बच्चे को जन्म दे सकती हूँ?

जी.डी.एम पर नियंत्रण करके आपको साधारण और स्वस्थ बच्चा होने की सम्भावनायें बढ़ जाती हैं।

वृद्धों में मधुमेह

मधुमेह के चेतावनी संकेत क्या हैं, विशेषकर वृद्ध लोगों में?

- थकान
- प्यास या भूख में वृद्धि
- अनजाने में वजन कम होना
- बार-बार पेशाब आना
- धुंधली नजर
- त्वचा में संक्रमण या कटने या चोट लगने पर घाव का धीरे-धीरे ठीक होना

कुछ लोगों को पता ही नहीं चलता कि उन्हें मधुमेह हो गया है, क्योंकि लक्षण अक्सर धीरे-धीरे शुरू होते हैं।

बड़े वयस्क कभी-कभी इन लक्षणों को केवल बढ़ती उम्र का हिस्सा मानकर अनदेखा कर देते हैं, लेकिन ये किसी गंभीर समस्या के संकेत हो सकते हैं।

वृद्धों में मधुमेह प्रबंधन में कौन सी जीवनशैली आदतें सहायक होती हैं?

टाइप-2 डायबिटीज़ से पीड़ित कई लोग आहार और व्यायाम द्वारा वर्तमान ब्लड शुगर के स्तर को नियंत्रित कर सकते हैं। कम प्रभाव वाले और करने में आसान व्यायामों में शामिल हैं–

- चलना
- तैरना
- साइकिल चलाना
- नृत्य
- योग

विटामिन, खनिज, एंटीऑक्सीडेंट और फाइबर से भरपूर खाद्य पदार्थ खाएं–

- साबुत अनाज
- हरे पत्ते वाली सब्जियाँ
- पालक
- बीन्स और दालें
- ओमेगा-3 फैटी एसिड से भरपूर मछली, जैसे सैल्मन
- ब्रोकोली
- जामुन और खट्टे फल

वृद्ध व्यक्तियों को मधुमेह देखभाल के लिए कितनी बार अपने डॉक्टर से परामर्श करना चाहिए?

मधुमेह से पीड़ित लोगों को आमतौर पर हर 3 से 6 महीने में अपने डॉक्टर से जांच करानी चाहिए। अगर उनका शुगर लेवल अनियंत्रित है या उनमें साइड इफेक्ट्स विकसित हो रहे हैं, तो उन्हें बार–बार अपने डॉक्टर से सम्पर्क करना चाहिए।

कुछ रोगियों को गोलियों या इन्सुलिन इंजेक्शन की आवश्यकता हो सकती है। आपका चिकित्सक और मधुमेह शिक्षक आपको मधुमेह को समझने और सहायता प्रदान करने में मदद कर सकते हैं।

यहाँ उन समस्याओं की एक विस्तृत सूची दी गई है जिनका सामना बुजुर्ग मधुमेह रोगियों को करना पड़ सकता है:

शारीरिक जटिलताएँ

1. आँखों (नज़र) की कमजोरी (रेटिनोपैथी, मोतियाबिंद, ग्लूकोमा)
2. गुर्दे की क्षति (नेफ्रोपैथी)
3. तंत्रिका क्षति (न्यूरोपैथी)
4. पैर की समस्याएँ (अल्सर, संक्रमण, Gangrene)
5. हृदय रोग (दिल का दौरा, स्ट्रोक, परिधीय (Peripheral) धमनी रोग)
6. मस्तिष्क क्षति (मनोभ्रंश, अल्जाइमर रोग)
7. मस्कुलोस्केलेटल समस्याएँ (ऑस्टियोआर्थराइटिस, ऑस्टियोपोरोसिस)
8. त्वचा की स्थितियाँ (संक्रमण, अल्सर)
9. गैस्ट्रोइंटेस्टाइनल समस्याएं (गैस्ट्रोपेरेसिस, डायरिया)
10. मूत्र असंयम (Urinary Incontinence)

भावनात्मक और मनोवैज्ञानिक चुनौतियाँ

1. अवसाद (depression)
2. चिंता
3. सामाजिक अलगाव/एकाकीपन
4. Economic burden
5. जटिलताओं या स्वतंत्रता के नुकसान का डर (loss of independence)
6. नींद ना आना
7. जीवन की गुणवत्ता में कमी (Quality of life)

जराचिकित्सा (Surgical intervention) विशिष्ट मुद्दे

1. दवाओं के बीच परस्पर क्रिया (Interaction of medicine)

2. हाइपोग्लाइसीमिया (गुर्दे की कार्यक्षमता में कमी के कारण जोखिम में वृद्धि)
3. गिरने का ख़तरा (न्यूरोपैथी, दृष्टि हानि, दवा के दुष्प्रभाव)
4. कुपोषण (आहार प्रबंधन में कठिनाई)
5. असंयम (मूत्र या मल)
6. गतिहीनता (शारीरिक गतिविधि में कमी)
7. संवेदी दुर्बलता (श्रवण, दृष्टि हानि)

संज्ञानात्मक और तंत्रिका संबंधी मुद्दे

1. मनोभ्रंश
2. अल्जाइमर रोग
3. संपहनी मनोभ्रंश
4. संज्ञानात्मक गिरावट
5. स्मृति हानि (Memory loss)
6. भ्रम
7. निर्णय लेने में कठिनाई

सामाजिक और आर्थिक चुनौतियाँ

1. सामाजिक अलगाव
2. वित्तीय बोझ (चिकित्सा व्यय)
3. स्वास्थ्य सेवा तक पहुँच की कमी
4. परिवहन बाधाएँ (Transport problem)
5. देखभालकर्ता का बोझ
6. स्वतंत्रता की हानि

प्रबंधन रणनीतियाँ (Guidelines for control)

1. नियमित स्वास्थ्य जाँच
2. दवा प्रबंधन
3. आहार योजना

4. व्यायाम कार्यक्रम (गतिशीलता और स्वास्थ्य स्थिति के अनुसार)
5. ब्लड शुगर की निगरानी
6. पैरों की देखभाल और नियमित पोडियाट्री विजिट (Visit to foot doctor)
7. मानसिक स्वास्थ्य सहायता
8. देखभालकर्ता सहायता और शिक्षा
9. घरेलू स्वास्थ्य देखभाल सेवाएँ
10. टेलीहेल्थ सेवाएँ

डायबिटीज़ एवं हृदय रोग

हृदय रोग या हार्ट-अटैक के संभावित कारणों में डायबिटीज़ भी एक कारण है और अक्सर ऐसा देखा जाता है कि काफी डायबिटिक्स में मृत्यु का कारण हृदय रोग ही होता है एवं ऐनजाइना का दर्द या कोई ऐसा आभास या पूर्व सूचना भी नहीं महसूस हो पाती। ऐसे लोगों में साइलेन्ट हार्ट-अटैक होता है।

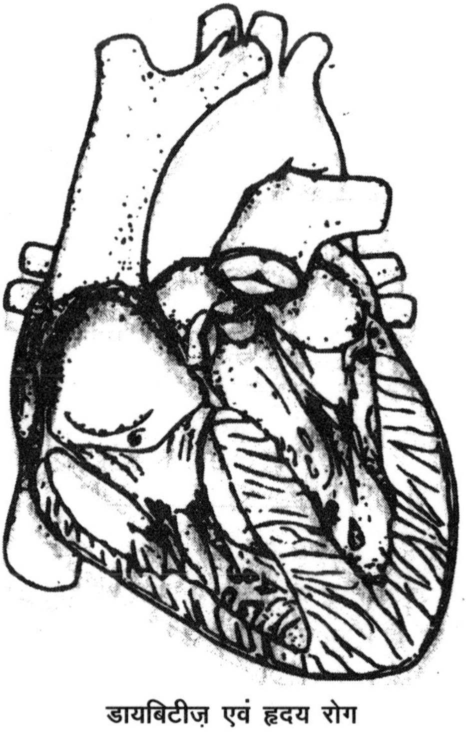

डायबिटीज़ एवं हृदय रोग

डायबिटीज़ के रोगियों में दिल की बीमारी आम लोगों से कम उमर में एवं काफी घातक होती है।

- डायबिटिक पुरुषों में दिल के दौरे की संभावना 50 प्रतिशत ज्यादा तथा महिलाओं में 10 प्रतिशत ज्यादा होती है।
- डायबिटिक पुरुषों में अचानक मौत (Sudden Cardiac Arrest) की संभावना 50 प्रतिशत अधिक एवं महिलाओं में 30 प्रतिशत अधिक होती है।
- एक–तिहाई डायबिटिक रोगियों में मृत्यु का कारण दिल का दौरा ही होता है।
- 55 वर्ष की उम्र तक पहुंचते–पहुंचते 35 प्रतिशत डायबिटिक रोगियों में दिल की बीमारी से मौत हो जाती है। उसकी अपेक्षा सामान्य व्यक्तियों में यह संख्या मात्र 4–8 प्रतिशत होती है।

50 प्रतिशत डायबिटिक लोगों में अक्सर हाई ब्लड–प्रेशर या उच्च रक्तचाप होता है। मोटे शरीर वाले डायबिटिक लोगों में इन्सुलिन का वो असर जिसके द्वारा रक्त में चर्बी (वसा) कोलेस्ट्रोल को नियंत्रण में रखा जाता है, समाप्त हो जाता है, जिससे डायबिटिक्स में कोलेस्ट्रोल एवं ट्राइग्लिसराइड का स्तर बढ़ जाता है। यह कोलेस्ट्रोल रक्त नलियों में जो हृदय को रक्त पहुंचाती है, में जमा हो जाता है और खून का चलना बन्द हो जाता है, जिससे आगे चलकर हार्ट–अटैक हो जाता है।

हृदय रोग या हार्ट–अटैक के सम्भावित कारण निम्नलिखित हैं–

1. रक्त में कोलेस्ट्रोल या चर्बी का अधिक होना एवं वजन अधिक होना
2. डायबिटीज़ या मधुमेह
3. उच्च रक्तचाप या हाई ब्लड–प्रेशर
4. धूम्रपान

इस प्रकार डायबिटीज़ के व्यक्ति में ऊपर वाले तीनों सम्भावित कारण होते हैं और अगर वो धूम्रपान करता है तो निश्चित रूप से हृदय रोग की सम्भावना बढ़ जाती है।

डायबिटीज़ के रोगी के हाथ एवं पैरों की खून की नलियां भी सिकुड़ जाती हैं। चर्बी के जमाव की वजह से खून चलना बंद हो जाता है जिससे पैरों में दर्द होने लगता है।

धूम्रपान करने वाले डायबिटिक रोगी को एन्जाइना एवं हार्ट–अटैक अधिक होता है।

अगर डायबिटीज़ काफी समय से नियंत्रण में नहीं है तो काफी सम्भावना है कि हृदय रोग भी हो।

हृदय रोग इन्सुलिन निर्भर डायबिटिक्स या टाइप–1 डायबिटीज़ के रोगी को अधिक होते हैं। परन्तु 50 वर्ष की आयु में टाइप–दो डायबिटीज़ के रोगी भी प्रभावित होते हैं।

सावधानी

हर डायबिटिक को अगर हृदय रोग से बचना है तो निम्नलिखित बातों का ध्यान रखना चाहिए–

– वजन का माप (रिकार्ड)
– रक्तचाप नियंत्रण में
– ब्लड शुगर एवं कोलेस्ट्रोल की जांच कराते रहना
– छाती का एक्सरे साल में एक बार
– ई.सी.जी. साल में एक या दो बार

अगर कभी–कभी छाती में चलने पर दर्द होता है तो डॉक्टर की सलाह से स्ट्रेस टेस्ट या टी.एम.टी कराना चाहिए। जिससे अटैक या एन्जाइना के बारे में पता लग सके। अगर पैरों में या लातों पर या शरीर पर सूजन आ जाती है तो तुरन्त अपने डॉक्टर से सम्पर्क करें।

डायबिटीज़ के रोगी में हृदय रोग की अलग विशेषताएं होती हैं–

1. हार्ट–अटैक कम उम्र में या 30–40 वर्ष की आयु में होना।
2. हृदय की सभी तीनों मुख्य रक्त नलियों पर असर होना।
3. बिना दर्द के हार्ट–अटैक होना।

अधिकतर ऐसा देखा गया है कि 40 साल की उम्र से पहले अगर किसी डायबिटिक रोगी की मृत्यु होती है तो इसका कारण हार्ट–अटैक होता है।

डायबिटिक रोगियों में जो हार्ट–अटैक होता है वो काफी गम्भीर प्रकृति का होता है क्योंकि सभी रक्त नलियों पर बीमारी का असर होता है एवं इस वजह से शरीर के बाकी अंगों पर भी असर पड़ता है। डायबिटिक रोगियों में एन्जाइना का दर्द भी बहुत गंभीर किस्म का होता है।

अन्त में यह सत्य है कि डायबिटिज़ रोग एवं हृदय रोग का काफी पारस्परिक संबंध रहता है और ऐसे लोगों में मृत्यु दर भी अधिक होती है। ऐसी परेशानियों से बचने के लिए नियमित रूप से हृदय की जांच कराते रहना चाहिए, डायबिटीज़ को नियंत्रण में रखना चाहिए, रक्तचाप की जांच एवं नियंत्रण और धूम्रपान बिल्कुल नहीं करना चाहिए।

डाक्टर से सलाह लेकर लगातार दवाइयों का सेवन करते रहना चाहिए।

हृदय रोग एवं सर्जरी

यदि डायबिटीज़ अधिक समय तक पूर्ण नियंत्रण में न रहे तो हृदय की मांसपेशियां कमजोर हो जाती हैं जिससे हृदय का आकार बड़ा हो जाता है और इसकी क्षमता कम हो जाती है।

जिन डायबिटिक रोगियों की हृदय की धमनियां या रक्त की नलियां करीब–करीब पूरी बन्द हो जाती हैं, दवाइयों से असर नहीं होता तो ऐसी हालत में बाई–पास सर्जरी द्वारा खून का दौरा दोबारा शुरू किया जा सकता है।

आमतौर पर जितनी बाई–पास सर्जरी होती है उसके करीब

80 प्रतिशत लोग डायबिटिज़ होते हैं। सर्जरी से पहले डायबिटीज़ को कंट्रोल में किया जाता है फिर सर्जरी की जाती है। मरीज़ को अस्पताल में कुछ दिन पहले भर्ती किया जाता है। सर्जरी के बाद भी डायबिटीज़ को नियंत्रण में रखना चाहिए।

सर्जरी के बाद खाने में विशेष ध्यान रखना चाहिए। जैसे–रेड मीट एवं रिफाइंड चीनी, मैदा का कम प्रयोग करें। तले हुए खाने का कम से कम प्रयोग करें।

मधुमेह एवं एस्प्रीन

मधुमेह के रोगियों में हार्ट अटैक होने की संभावना सामान्य व्यक्ति की अपेक्षा 2-4 गुणा अधिक होती है। ऐथिरोस्केलेरोसिस जैसी प्रक्रिया, जिससे रक्त वाहिनियों में रक्त के बहाव में रुकावट पड़ती है, का मुख्य कारण प्लेटलैट रक्त कोशिकाओं का जमाव होता है। एस्प्रीन थ्रोमबाक्सीन (Thromboxin) के बनने को रोकता है एवं इस प्रकार मधुमेह के रोगियों में हृदय रोग के होने को रोकता है। एस्प्रीन के सेवन से मधुमेह के रोगियों को दो प्रकार से लाभ होता है–

1. जिन मधुमेह के रोगियों में हार्ट अटैक हो चुका है, जिनमें बाई पास सर्जरी हो गई है या जिनको स्ट्रोक या फालिज का अटैक पड़ चुका हो या जिनके पैरों की नसों पर असर पड़ चुका हो, उन सभी लोगों में एस्प्रीन के सेवन से दुबारा ऐसी स्थिति होने के आसार काफी कम हो जाते हैं। इसे **सेकेंडरी प्रिवेन्शन** कहते हैं।
2. ऐसे लोगों में, जिनको हार्ट अटैक आदि के होने की संभावना अधिक हो, उन्हें एस्प्रीन से काफी लाभ पहुंचता है।

इस समूह में वे सभी मधुमेह के लोग आते हैं जैसे–

- जिनके परिवार में हार्ट अटैक का इतिहास हो
- जो धूम्रपान करते हैं
- जिन्हें उच्च रक्तचाप रहता है
- मोटे व्यक्ति जिनका BMI 27 से अधिक हो
- जिनके पेशाब में माइक्रो एल्ब्युमिन या प्रोटीन आ रही हो
- जिनके रक्त में कोलेस्ट्रोल एवं ट्रायग्लिसराइड्स की मात्रा अधिक हो
- जिनकी उम्र 30 वर्ष से अधिक हो

एस्प्रीन की मात्रा 81 मि.ग्रा. से 325 मि.ग्रा. तक होती है एवं इसे हमेशा भोजनोपरान्त ही लेना चाहिए।

मधुमेह रोग एवं गुर्दे (किडनी) की बीमारियाँ

शरीर में दो गुर्दे होते हैं। ये शरीर के उत्सर्जी (waste) पदार्थों को बाहर निकालते हैं और अतिरिक्त तरल पदार्थ को छानने का कार्य करते हैं। गुर्दे द्वारा बनाये गये छनित उत्सर्जी तरल पदार्थ आपके मूत्राशय में तब तक एकत्रित रहते हैं जब तक ये मूत्रोत्सर्जन के दौरान शरीर से बाहर न निकल जाएं। गुर्दे की बीमारी या नेफ्रोपैथी में कुछ समय के बाद किडनी अपना पूरा काम करना बन्द कर देती है। रक्त में शर्करा का बढ़ा स्तर किडनी की छोटी-छोटी रक्त नलिकाओं को नुकसान पहुँचाता है। यह उनकी उत्सर्जी पदार्थों को बाहर निकालने की क्षमता को कम कर देता है। रक्त में शर्करा की बढ़ी हुई मात्रा इन रक्त नलिकाओं को नुकसान पहुँचाने के साथ किडनी की बीमारियों को गंभीर बना सकती है और परिणामस्वरूप किडनी की बीमारी रक्तचाप (हाई ब्लड प्रेशर) को भी बढ़ा सकती है।

अपने शरीर में रक्त शर्करा की निश्चित मात्रा और रक्तचाप को नियंत्रित करके किडनी की बीमारियों से बचा जा सकता है। जाँच न करायी जाए तो गुर्दे की बीमारी बढ़ सकती है। अधिकांश मामलों में पाया गया है कि गंभीर अवस्था में किडनी काम करना बन्द कर सकती है।

लक्षण

गुर्दे की बीमारी धीरे-धीरे होती है। पहले तो इसके कोई लक्षण दिखाई नहीं देते हैं लेकिन आपके डॉक्टर आपकी पेशाब में प्रोटीन की मात्रा

और बढ़े हुए रक्तचाप की जाँच करके इसके संकेतों का पता लगा सकते हैं। यदि शुरुआत में गुर्दे की बीमारी का पता न लगे तो और उसका उपचार न हो सके तो निम्नलिखित परेशानियाँ आ सकती हैं–

सूजन (Edema)

- पैरों और पैरों के निचले हिस्से से प्रारम्भ होती है।
- धीरे-धीरे ऊपरी पैर के हिस्सों और कमर तक पहुँच जाती है।
- ज्यादा गम्भीर स्थिति में ये सूजन हाथों, चेहरे और आँख में हो सकती है।
- खून की कमी होने से थकान लगना और कमजोरी का बढ़ना (रक्त में लाल रक्तकणिकाओं की संख्या में कमी)।
- रात भर बहुत जल्दी-जल्दी पेशाब का आना, भूख का कम लगना, मितली आना और उल्टी होना।
- पैरों की मांसपेशियों में ऐंठन होना।
- खुजली होना।

बहुत से लोगों को पीठ में दर्द, मूत्र नलिका में संक्रमण या पेशाब में खून आने से किडनी की बीमारी की चिन्ता होने लगती है। आप इन सभी परेशानियों को अपने चिकित्सक से बताना चाहते हैं, लेकिन प्रायः ये मधुमेह से सम्बन्धित गुर्दे की बीमारी के लक्षण नहीं होते हैं।

गुर्दे में बीमारी का विकास

बिना किसी लक्षण के भी कैसे किडनी की बीमारी बढ़ सकती है–

किडनी में बीमारी की प्रारंभिक अवस्था	उपचार
• पेशाब में प्रोटीन होना (माइक्रोएल्बुमिन्युरिया)	• रक्त में शर्करा की मात्रा और रक्तचाप पर नियंत्रण।
• ह्रदय और रक्त नलिकाओं की बीमारी	• एक ए.सी.ई. इनहीबिटर या ए.आर.बी.

के लिए खतरे की स्थिति।	(ब्लड प्रेशर मेडीकेशन) किडनी की सुरक्षा में सहायक हो सकती हैं, यदि आपका रक्तचाप सामान्य है।

किडनी में बीमारी के बाद के लक्षण	उपचार
• गुर्दे की कार्यक्षमता में कमी। • पेशाब में प्रोटीन का बढ़ना (माइक्रोएल्बुमिन्युरिया) • रक्तचाप का बढ़ना। • क्रिएटिनीन और यूरिया का बढ़ना (रक्त में)	• रक्त शर्करा पर नियंत्रण। • रक्त–चाप की दवाओं की जरूरत। • कोलेस्ट्रॉल पर नियंत्रण करने वाली दवाओं की जरूरत। • खानपान में सुधार की आवश्यकता।

किडनी में बीमारी की अंतिम अवस्था	उपचार
• किडनी कार्य करना बन्द कर देती है	• डायलिसिस (Dialysis) • किडनी प्रत्यारोपण (Kidney transplant)

आपके डॉक्टर का उत्तरदायित्व—आपके डॉक्टर को चाहिए कि प्रोटीन (एल्बुमिन) के लिए आपकी पेशाब का हर साल परीक्षण करे। क्रिएटिनीन (एक उत्सर्जी पदार्थ जो कि किडनी के द्वारा छाना जाता है) इसके साथ की जाँच भी की जाती है।

क्रिएटिनीन के एक ग्राम में एल्बुमिन की मात्रा की जाँच के परिणाम इस प्रकार हो सकते हैं–

क्रिएटिनीन की मात्रा	पेशाब में प्रोटीन की मात्रा	परिणाम
• 30 mg/g Cr. से नीचे	साधारण	किडनी में कोई बीमारी नहीं।
• 30-300mg/g Cr. से नीचे	माइक्रोएल्बुमिन्युरिया (कुछ प्रोटीन)	किडनी में बीमारी की शुरुआत।
• 300 mg/g Cr से ऊपर	माइक्रोएल्बुमिन्युरिया (ज्यादा प्रोटीन)	किडनी में बीमारी के बाद की स्थिति।

यदि आपकी जाँच में तीन से छह महीनों में दो परिणाम ज्यादा आते हैं (माइक्रोएल्बुमिन्युरिया) तो ये आपकी किडनी में बीमारी की प्रारम्भिक अवस्था हो सकती है। माइक्रोएल्बुमिन्युरिया से आपके हृदय और रक्त नलिकाओं में बीमारी के खतरे का पता चल सकता है। आपके चिकित्सक को चाहिए कि वह आपके हृदय रोग से सम्बन्धित सभी खतरों की जाँच करें और आवश्यकतानुसार उनका उपचार करें।

- 24 घंटों की पेशाब की जाँच भी पेशाब में प्रोटीन की मात्रा जानने के लिए की जा सकती है। दूसरे तरह की पेशाब की जाँच (यूरीनालिसिस) भी आपकी पेशाब में प्रोटीन की मात्रा या किसी और संक्रमण की जाँच के लिए की जा सकती है जो आपकी पेशाब में प्रोटीन की मात्रा पर असर डालते हैं।
- यदि आप उच्च रक्तचाप या प्रारम्भिक किडनी बीमारी से ग्रस्त हैं, तो आपके डॉक्टर आपको ए.सी.ई. इन्हीबिटर या ए.आर.बी. पर रख सकते हैं। ये दवाइयाँ आपके रक्तचाप को कम रखती हैं और रक्त नलिकाओं को खुली और चौड़ी रखती हैं विशेषतः किडनी की रक्त नलिकाओं को।
- यदि आपको टाइप–1 डायबिटीज़ है, तो आपकी पहली पेशाब में प्रोटीन की जाँच बीमारी के पता लगने के लगभग 5 साल बाद करानी चाहिए। यदि आपको टाइप–2 डायबिटीज़ है, तो आपको यह जाँच पता चलने के बाद साल में एक बार करा लेनी चाहिए।

आपको दिए जाने वाले उपचार

यदि आपको किडनी की बीमारी हो चुकी है, तो आपको समय–समय पर क्रिएटिनीन की मात्रा की जाँच कराते रहना चाहिए। आपकी किडनी कितनी अच्छी तरह से काम कर रही है उसे जानने का यह सबसे अच्छा उपाय है। रक्त (सीरम) में क्रिएटिनीन का साधारण स्तर 1.5 mg/100 ml होता है।

यदि आपके रक्त में क्रिएटिनीन की मात्रा सामान्य से ज्यादा है या यह स्तर लगातार बढ़ रहा है तो आपको समझ लेना चाहिए कि आपकी किडनी अपशिष्ट पदार्थों को जितना छानना चाहिए उतनी अच्छी तरह कार्य नहीं कर रही है।

किडनी के कार्यों को जानने का दूसरा तरीका ग्लोमेरूलर फिल्टरेशन रेट (जी.एफ.आर.) की मात्रा है। यह सीरम क्रिएटिनीन के साथ–साथ की जा सकती है। यह उन लोगों को कराने के लिए कहा जाता है जिनकी किडनी की कार्यक्षमता में एक व्यापक परिवर्तन देखने को मिलता है। साधारण जी.एफ.आर. 90 मिली./मि. से ज्यादा होता है। यदि आपकी किडनी की छानने की क्षमता में कमी आ रही है तो जी.एफ.आर. की गणना आपके शरीर के वजन, आपकी आयु, लिंग और सीरम के क्रिएटिनीन स्तर पर की जाती है।

निम्नलिखित बातों पर ध्यान रखा जाए तो किडनी की बीमारी को गम्भीर स्थिति में पहुँचने से बचा जा सकता है–

- अपने रक्त की शर्करा और रक्तचाप को निर्धारित मात्रा में रखें।
- ऐसे खाद्य पदार्थों के सेवन से बचें, जिनमें ज्यादा मात्रा में नमक, प्रोटीन, फास्फोरस और पोटैशियम होता है।
- रक्त में कोलेस्ट्रॉल की अनियंत्रित मात्रा पर पूरा नियंत्रण रखने के लिए दवाओं का प्रयोग करें जैसे कि स्टैटिन। यदि किडनी की बीमारी लगातार बढ़ रही है तो धीरे–धीरे किडनी अपना काम करना बन्द कर सकती है।

ऐसी स्थिति में शरीर को अपने उत्सर्जित पदार्थों को बाहर निकालने की आवश्यकता होती है। डायलिसिस या एक मशीन के द्वारा अपने रक्त को छानना इसका एक तरीका हो सकता है। किडनी का प्रत्यारोपण इसका दूसरा विकल्प हो सकता है।

आप द्वारा किये जाने वाले अन्य उपाय–किडनी की बीमारी से बचने का सबसे अच्छा तरीका है, कि आप अपने रक्त की शर्करा

और रक्तचाप को साधारण स्तर पर रखें। प्रत्येक साल अपनी पेशाब में प्रोटीन की मात्रा की जाँच भी कराते रहें।

आप द्वारा अपनायी जाने वाली अन्य सावधानियाँ निम्नलिखित हैं–

- अपना रक्तचाप प्रायः जाँच कराते रहें। आपको अपने ब्लड-प्रेशर की जाँच के लिए एक मशीन घर पर रखनी चाहिए या किसी नजदीकी सेंटर या फार्मेसी से जाँच कराते रहें।
- अपने डॉक्टर को ए.सी.ई. इन्हीबिटर या ए.आर.बी. के लिए कहें ताकि आप किडनी की बीमारी से बच सकें।
- शारीरिक रूप से सदैव क्रियाशील रहें। अपना रक्तचाप और रक्त में शर्करा की उचित मात्रा बनाये रखने के लिए लगातार प्रतिदिन व्यायाम करें और अपने वजन पर नियंत्रण करें। (किसी नयी शारीरिक गतिविधि (exercise) को शुरू करने के पहले अपने डॉक्टर से परामर्श करें)।
- शराब और तम्बाकू का सेवन न करें ये दोनों आपके रक्तचाप पर बुरा प्रभाव डालती हैं।
- अपने आहार विशेषज्ञ (डायटीशियन) से अपने आहार में सोडियम, पोटैशियम और प्रोटीन की मात्रा के बारे में परामर्श करें।

किन रोगियों में डायबिटीज़ के कारण गुर्दों पर बुरा असर हो सकता है?

– जब डायबिटीज़ 15 वर्षों से अधिक समय से हो
– जब डायबिटीज़ का नियंत्रण न हो
– डायबिटीज़ के साथ-साथ उच्च रक्तचाप (ब्लड-प्रेशर) भी हो
– पेशाब में बार-बार इन्फेक्शन हो जाती हो
– पारिवारिक इतिहास, परिवार में अन्य मधुमेह के रोगियों को भी गुर्दों के खराब होने की तकलीफ रही हो

मधुमेह रोग गुर्दे की बीमारियों का एक मुख्य कारण है। हर साल लगभग 30-40% डायबिटिक व्यक्तियों के गुर्दे कार्य करना समाप्त कर देते हैं। जिन लोगों को मधुमेह रोग 20 साल की उम्र में हो जाता है उन लोगों में 20 साल के बाद गुर्दों में डायबिटीज़ का असर 50 प्रतिशत हो जाने की सम्भावना हो जाती है।

जिन लोगों में मधुमेह रोग 40 वर्ष की उम्र के बाद होता है उनमें सिर्फ 40 प्रतिशत सम्भावना होती है कि 20 साल बाद डायबिटीज़ का गुर्दों पर असर हो। दोनों प्रकार की डायबिटीज़ यानी टाइप–1 एवं टाइप–2 में गुर्दों पर एक तरह से असर पड़ता ही है।

डायबिटीज़ एवं पैरों की देखभाल

मधुमेह के रोगियों के पैरों की देखभाल

मधुमेह के रोगियों को अपने पैरों का विशेष ध्यान रखना चाहिए। पैरों की उचित सुरक्षा तथा सही जूते/चप्पल पहनने से मधुमेह के मरीज अपने आपको गंभीर हानि से बचा सकते हैं।

1. अपने पैरों को प्रतिदिन गुनगुने पानी व साबुन से धोएं ठीक वैसे ही जैसे आप अपने हाथ धोते हैं।
2. पैरों को और पैरों की ऊँगलियों के बीच की जगह को ठीक से सुखाएं।
3. पैरों की ऊंगलियों के नाखून को सीधा-सीधा काटें। अन्दर ही बढ़ने वाले नाखूनों पर खास ध्यान दें।
4. पैरों की त्वचा को मुलायम रखने के लिए मोइश्चराइजर या नमी वाले लोशन का इस्तेमाल करें परन्तु इसे पैर की ऊंगलियों के बीच न लगाएं।
5. अपने पैरों में सही माप वाले नित्य धुले हुए साफ मुलायम मोजे अथवा स्टॉकिंग पहनें।
6. अपने पैरों को सूखा व गर्म रखें। मौसम के अनुसार ऊनी अथवा सूती मोजों अथवा स्टॉकिंग और चमड़े के जूतों को प्रयोग करें।
7. घर के बाहर अथवा अन्दर कहीं भी नंगे पैर न चलें।
8. अपने पैरों के सही नाप वाले जूते अथवा सैण्डिल पहनें।
9. अपने जूतों की नित्य जांच करें कि उनमें कंकड़, पत्थर, कील या दरार तो नहीं जो पैरों की त्वचा को नुकसान पहुंचा सकते हैं।

अपने पैरों की ठीक से देखभाल करें। प्रतिदिन तेज चलने से पैरों में रक्त संचार ठीक रहता है तथा आप आराम महसूस करेंगे।

मधुमेह के रोगियों के पैरों की देखभाल

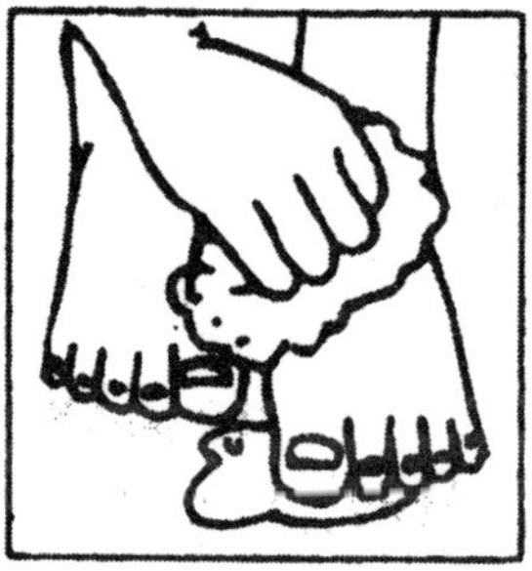

चित्र 1

अपने पैरों को प्रतिदिन गुनगुने पानी व साबुन से धोएं ठीक वैसे ही जैसे आप अपने हाथ धोते हैं।

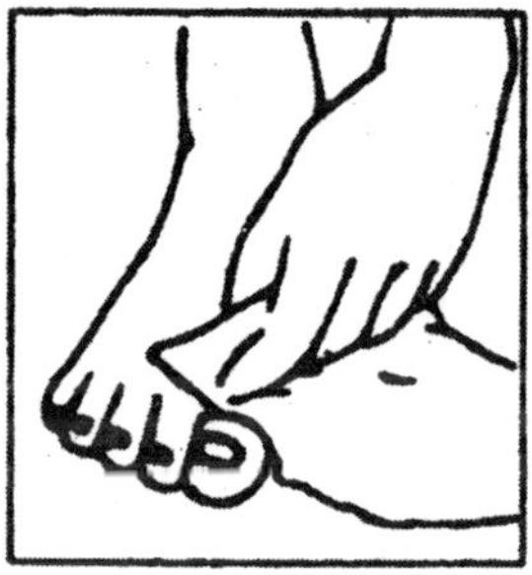

चित्र 2

पैरों को और पैरों की ऊँगलियों के बीच की जगह को ठीक से सुखाएं।

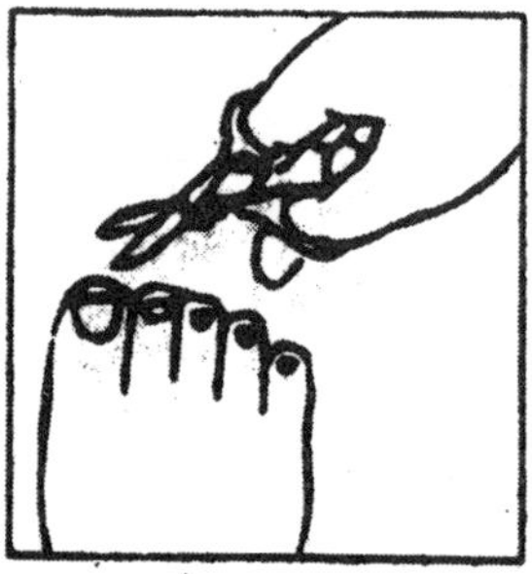

चित्र 3

पैरों की ऊंगलियों के नाखून को सीधा-सीधा काटें। अन्दर ही बढ़ने वाले नाखूनों तथा मांसपेशी की गांठों पर खास ध्यान दें।

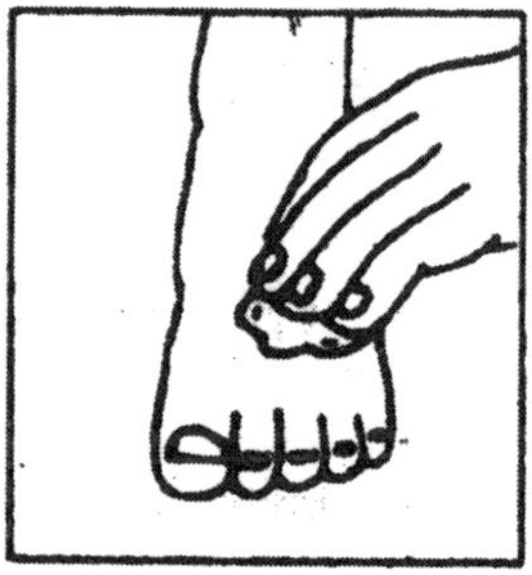

चित्र 4

पैरों की त्वचा को मुलायम रखने के लिए मोइश्चराइजर या नमी वाले लोशन का इस्तेमाल करें परन्तु इसे पैर की ऊंगलियों के बीच न लगाएं

मधुमेह के रोगियों के पैरों की देखभाल

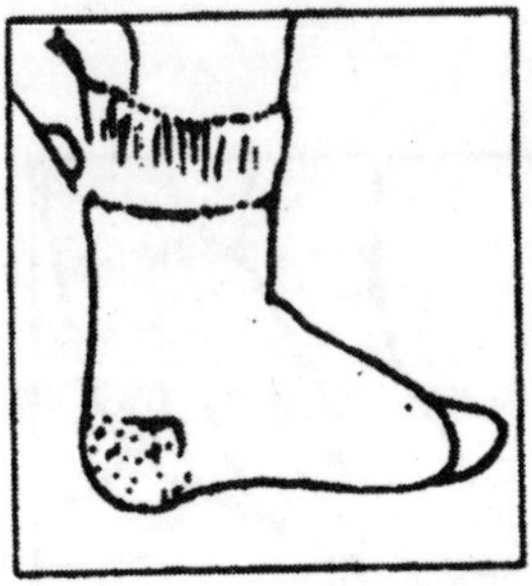

चित्र 5

अपने पैरों में सही माप वाले नित्य धुले हुए साफ मुलायम मोजे अथवा स्टॉकिंग पहनें।

चित्र 6

अपने पैरों को सूखा व गर्म रखें। मौसम के अनुसार ऊनी अथवा सूती मोजों अथवा स्टॉकिंग और चमड़े के जूतों का प्रयोग करें।

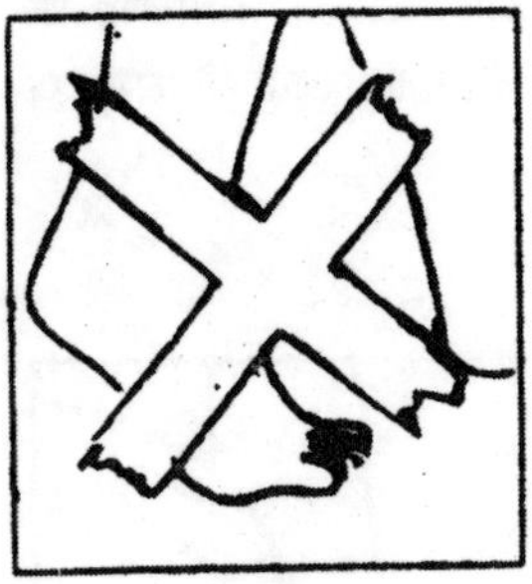

चित्र 7

घर के बाहर अथवा अन्दर कहीं भी नंगे पैर न चलें।

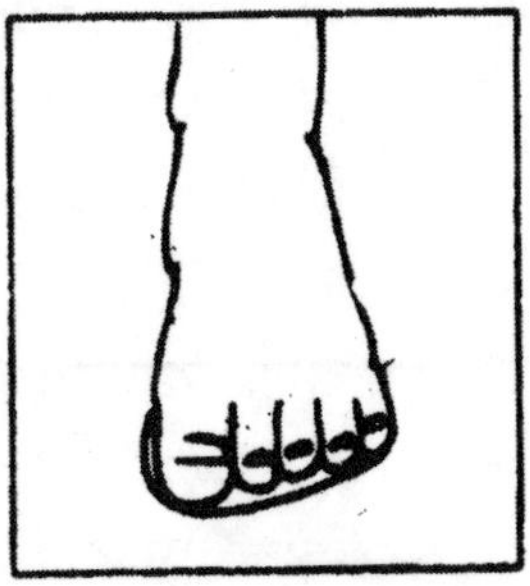

चित्र 8

अपने पैरों के सही नाप वाले जूते अथवा सैण्डिल पहनें।

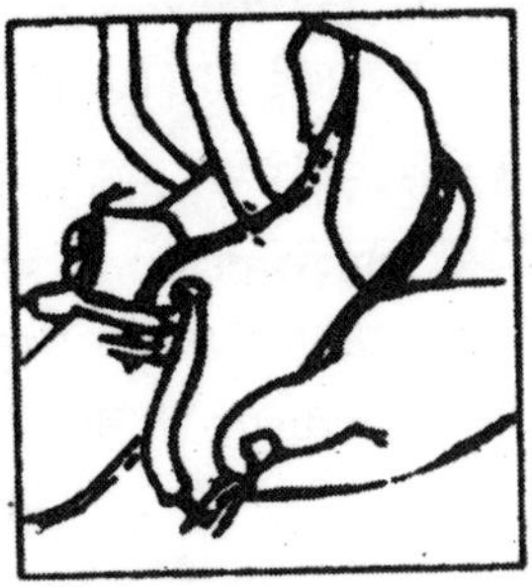

चित्र 9

अपने जूतों की नित्य जांच करें कि उनमें कंकड़, पत्थर, कील या दरार तो नहीं जो पैरों की त्वचा को नुकसान पहुंचा सकते हैं।

मधुमेह से पीड़ितों के लिए पैरों के व्यायाम

मधुमेह से पीड़ित रोगियों को दूसरों के मुकाबले पैरों में रक्त संचार की असुविधा ज्यादा होती है नियमित व्यायाम करने तथा धूम्रपान को छोड़ने से गम्भीर नुकसान से बचा जा सकता है।

1. **टहलनाः** रोजाना आधे घण्टे से एक घण्टे तक तेज गति से टहलिए। प्रतिदिन यह दूरी बढ़ाते रहें।
2. **सीढ़ियों पर व्यायामः** नंगे पैर सिर्फ पंजों के बल सीढ़ियों पर फुर्ती से चढ़ें।
3. **पैरों की मांसपेशियों के लिएः** अपनी हथेलियों की सहायता से दीवार पर झुकें। पैरों को दीवार से थोड़ा दूर रखें परन्तु ध्यान रहे पैरों के तले पूरी तरह जमीन से लगे रहें। अपने हाथों को दस बार इस तरह मोड़ें कि आपकी पीठ व पैर बिल्कुल सीधे रहें। यह व्यायाम पैरों में खिंचाव (क्रेम्पस) को रोकता है।
4. **कुर्सी व्यायामः** कुर्सी पर बैठ कर अपने हाथ आगे की ओर मोड़ लें। फिर दस बार उठें व बैठें।
5. **पैर के पंजों के व्यायामः** कुर्सी को पकड़ कर खड़े हों। फिर कुर्सी पकड़े–पकड़े पैरों के पंजों पर अपने आपको उठाएं और नीचे लाएं।
6. **घुटनों का मोड़नाः** कुर्सी पकड़ कर अपनी पीठ बिल्कुल सीधी रखते हुए घुटनों को दस बार मोड़ें।
7. **एड़ी उठानाः** अपने पंजों के बल पर खड़े हों फिर एड़ी को नीचे लायें। यह प्रक्रिया करीब 20 बार दोहराएं। अपना पूरा वजन पहले एक पैर पर फिर दूसरे पैर पर रखने की कोशिश करें।
8. **पैरों के व्यायामः** किसी कुर्सी या टेबल के सहारे थोड़ी ऊंचाई के प्लेटफार्म पर अपने एक पैर पर खड़े हों तथा पैर को 10 बार इधर से उधर झुलाएं। पैरों को बदल कर यही प्रक्रिया फिर से दोहराएं।

मधुमेह से पीड़ितों के लिए पैरों के व्यायाम

चित्र 1

टहलनाः रोजाना आधे घण्टे से एक घण्टे तक तेज गति से टहलिए। प्रतिदिन यह दूरी बढ़ाते रहें।

चित्र 2

सीढ़ियों पर व्यायामः नंगे पैर सिर्फ पंजों के बल सीढ़ियों पर फुर्ती से चढ़ें।

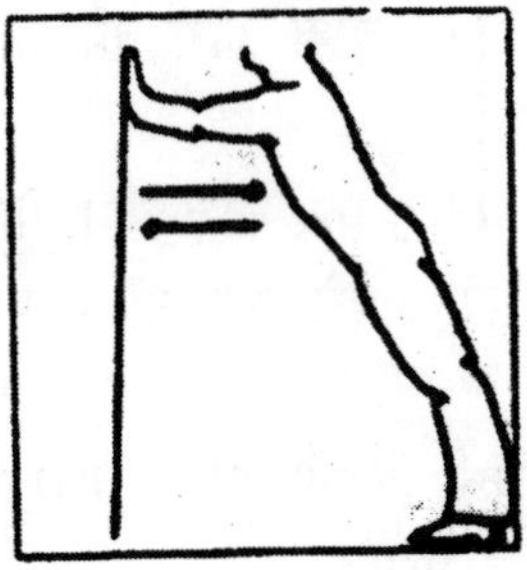

चित्र 3

पैरों की मांसपेशियों के लिएः अपनी हथेलियों की सहायता से दीवार पर झुकें। पैरों को दीवार से थोड़ा दूर रखें परन्तु ध्यान रहे पैरों के तले पूरी तरह जमीन से लगे रहें। अपने हाथों को दस बार इस तरह मोड़ें कि आपकी पीठ व पैर बिल्कुल सीधे रहें। यह व्यायाम पैरों में खिंचाव (क्रेम्पस) को रोकता है।

चित्र 4

कुर्सी व्यायामः कुर्सी पर बैठ कर अपने हाथ आगे की ओर मोड़ लें। फिर दस बार उठें व बैठें।

मधुमेह से पीड़ितों के लिए पैरों के व्यायाम

चित्र 5

पैर के पंजों के व्यायामः कुर्सी को पकड़ कर खड़े हों। फिर कुर्सी पकड़े-पकड़े पैरों के पंजों पर अपने आपको उठाएं और नीचे लाएं।

चित्र 6

घुटनों का मोड़नाः कुर्सी पकड़ कर अपनी पीठ बिल्कुल सीधी रखते हुए घुटनों को दरा बार मोड़ें।

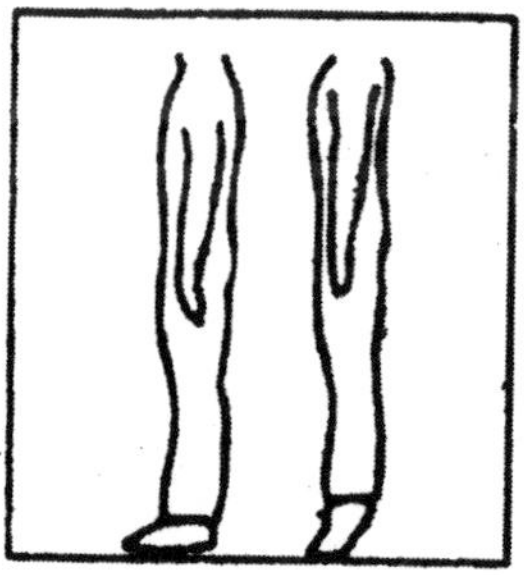

चित्र 7

एड़ी उठानाः अपने पंजों के बल पर खड़े हों फिर एड़ी को नीचे लायें। यह प्रक्रिया करीब 20 बार दोहराएं। अपना पूरा वजन पहले एक पैर पर फिर दूसरे पैर पर रखने की कोशिश करें।

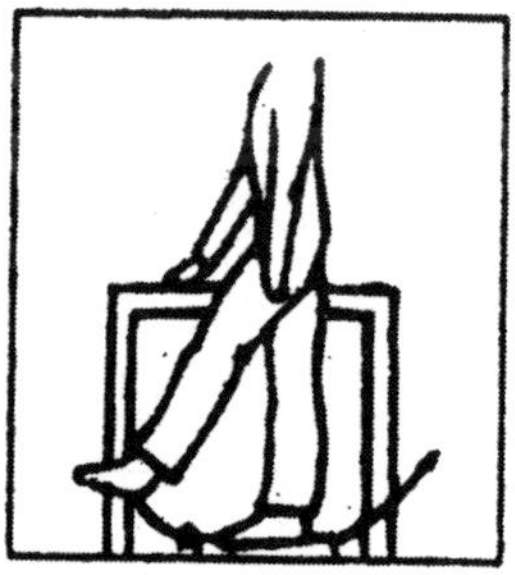

चित्र 8

पैरों के व्यायामः किसी कुर्सी या टेबल के सहारे थोड़ी ऊंचाई के प्लेटफार्म पर अपने एक पैर पर खड़े हों तथा पैर को 10 बार इधर से उधर झुलाएं। पैरों को बदल कर यही प्रक्रिया फिर से दोहराएं।

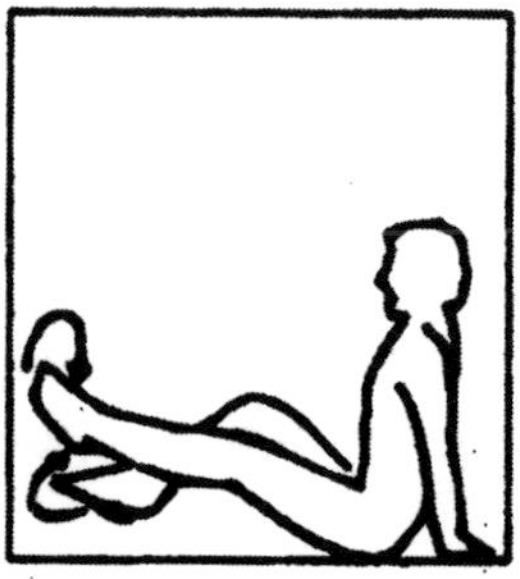

चित्र 9

अपने पैरों को हिलाएंः फर्श पर हाथों को पीछे टिका कर बैठें तथा पैरों को ऊपर उठाकर तब तक हिलाएं जब तक उनमें पूरी गर्मी व आराम न आ जाएं।

9. **अपने पैरों को हिलाएं:** फर्श पर हाथों को पीछे टिका कर बैठें तथा पैरों को ऊपर उठाकर तब तक हिलाएं जब तक उनमें पूरी गर्मी व आराम न आ जाएं।

हृदय रोग से पीड़ित रोगी इन व्यायामों को प्रारंभ करने से पहले अपने चिकित्सक की राय लें। अपने टहलने व अन्य व्यायामों को प्रतिदिन करना न भूलें।

ऐसा कहा जाता है कि हर मधुमेह के रोगी को अपने पैरों की देखभाल अपने चेहरे से ज्यादा रखनी चाहिए। जैसा कि आपने ऊपर पढ़ा कि मधुमेह रोग में रक्त ले जाने वाली खून की नलियों में रुकावट पैदा हो जाती है, ऐसा ही पैर एवं टांगों की रक्त की नलियों में भी होता है जिससे टांगों एवं पैरों में खून कम पहुंचता है। चमड़ी में कम खून से कोई भी इन्फेक्शन या संक्रामक रोग हो जाते हैं। नाड़ियां जिनसे दर्द, गर्म एवं सर्द की संवेदना के बारे में पता चलता है वो भी काम नहीं करती एवं कोई चोट लग जाए या छाला पड़ जाता है तो पता भी नहीं लगता। जब आप निरंतर जूतों का इस्तेमाल करते रहते हैं और उस चोट का आभास नहीं होता है और कई बार गेन्गरीन या सड़ाव पैदा हो जाता है उस स्थिति में पैर को काटना भी पड़ता है।

मधुमेह के रोगी जो धूम्रपान भी करते हैं उनको ऐसी बीमारियों की संभावना अधिक होती है तथा ऐसे व्यक्तियों में धूम्रपान से रक्त का बहाव और कम हो जाता है।

सावधानी एवं बचाव

पैरों की सफाई

– पैरों को रोज साबुन एवं ताजे पानी से धोना चाहिए। उंगलियों के बीच की जगह की सफाई करनी चाहिए। कपड़े से बहुत रगड़ कर सफाई नहीं करनी चाहिए नहीं तो जख्म होने की संभावना होती है।

- पैरों की तेल लगाकर हल्के से मालिश करनी चाहिए।
- पैरों को कभी भी बहुत गर्म पानी से नहीं धोना चाहिए।
- नाखूनों को भी ताजे पानी से साफ करते रहना चाहिए। कभी भी नाखूनों को किनारों से नहीं काटना चाहिए, नेल कटर से चमड़ी को बचाते हुए नाखून काटने चाहिए। नाखून बहुत छोटे नहीं काटने चाहिए, कभी भी चाकू या कैंची से लापरवाही से नाखून न कांटें। अगर नाखून बहुत सख्त है तो थोड़े से गर्म पानी से धोने पर नर्म हो जाते हैं। अगर नाखून का रंग बदल गया है तो फौरन अपने डॉक्टर से सलाह लें।

कॉर्नस (Corns)

कॉर्नस या ठेठ पैर में उसी जगह पर होती है जहां पर रगड़ होती है या जब जूता बहुत कसा हुआ होता है।

ऐसा जूता या चप्पल पहनें जो नर्म हो एवं सख्त या कसा नहीं हो। सबसे पहले पैर को ताजे पानी में जो बहुत गर्म न हो, में डालें, उसमें साबुन भी मिला लें, 10 मिनट तक ऐसा रहने दें फिर एक तौलिए से उस बढ़ी हुई जगह को रगड़ें जिससे वो खत्म हो जाएगी। किसी चीज से काटे नहीं। जूते का साइज छोटा नहीं हो, पैरों की उंगलियों को चलाते रहें एवं बहुत ऊंची एड़ी वाले जूते भी न पहनें।

बचाव

- तम्बाकू एवं धूम्रपान बिल्कुल न करें। तम्बाकू से रक्त नलियां सिकुड़ जाती हैं।
- पैरों को गर्म रखें, जुराबें पहनें। सर्दी से भी रक्त नलियां सिकुड़ जाती हैं।
- जुराबों के ऊपर का हिस्सा बहुत कसा नहीं होना चाहिए नहीं तो रक्त का बहाव रुक जाता है।

– पैरों की गर्म पानी की बोतल या हीटिंग पैड से सिकाई न करें।
– जुराबों को रोज साफ करके इस्तेमाल करें।
– बहुत छोटी-सी खरोंच एवं चोट लगने पर भी डॉक्टर को दिखाएं। कभी भी खुद तेज दवाई जैसे टिन्चर आयोडीन आदि का डॉक्टर से पूछे बिना इस्तेमाल न करें।

पैर के नाखून एवं मधुमेह

डॉयबिटीज़ के मरीजों में पैर के अंगूठे के नाखून का मांस में घुसना (Ingrowing Toe Nail) आम बात है। नाखून मॉंस में बढ़ने से जख्म बना देता है जिसमें इन्फेक्शन होने पर बात बढ़ कर गैंगरीन तक पहुँच सकती है। संवेदनशून्य होने से मधुमेह का मरीज इससे उत्पन्न दर्द को महसूस नहीं कर पाता और लापरवाही करता रहता है।

क्यों होता है?

ज्यादातर लोगों में नाखून के मॉंस में घुसने की वजह गलत तरीके से नाखून काटना होती है। परंतु टाईट जूते भी एक आम कारण है। इनसे नाखून की गोलाई ज्यादा बढ़ जाती है और त्वचा एवं नाखून के बीच में एक जगह पैदा हो जाती है। इस तरह के नाखून पर दवाब पड़ने से नाखून मॉंस में घुस जाता है।

क्या होता है?

इसका मतलब नाखून का अपनी जगह से फैल कर त्वचा के अंदर प्रवेश कर जाना। इस वजह से नाखून के आस-पास त्वचा लाल पड़ने लगती है, एवं दर्द चालू हो जाता है, यदि इस समय ध्यान न दिया जाए एवं उपचार नहीं करने पर मवाद बनना प्रारंभ हो जाता है, और ज्यादा दर्द होने लगता है।

डायबिटीज़ के मरीजों को जितनी जल्दी हो उपचार प्रारंभ कर लेना चाहिये नहीं तो इंफेक्शन बढ़ने की वजह से कई बार उस जगह नरम मॉंस को नुकसान पहुँच जाता है, एवं गैंगरीन होने की संभावना बढ़ जाती है, जिसका उपचार केवल ऑपरेशन के द्वारा उंगली के उस हिस्से को काटकर ही संभव है।

उपचार

आरंभिक लक्षणों में यदि मरीज डॉक्टर से संपर्क करे तो एंटीबायोटिक्स गोली से परेशानी हल हो सकती है। यदि साथ में फंगल इन्फेक्शन भी हो गया है, तो इसका इलाज भी दवाओं के द्वारा संभव है।

यदि नाखून ज्यादा अंदर तक प्रवेश कर चुका हो या इंफेक्शन बार–बार हो रहा हो तब ऑपरेशन के द्वारा नाखून के उस हिस्से को जो त्वचा के अंदर चला गया है, उसे निकाल दिया जाता है (Partial Nail Avulsion)। यदि इससे हल नहीं निकलता तो पूर्ण नाखून को निकाल दिया जाता है (Complete Nail Avulsion)

बचाव कैसे करें–

1. अपने पैरों की देखभाल हर दिन करें। त्वचा में किसी तरह का बदलाव या नाखून के पास यदि त्वचा लाल दिखे, नाखून का रंग बदले, नाखून का आकार बदलना इत्यादि शामिल हैं, तो तुरंत अपने डॉक्टर को बतायें।
2. पैरों को बार–बार न धोयें व नहाने के बाद अच्छे से सुखायें।
3. नाखून को ज्यादा अंदर तक ना काटें।
4. नरम, लूज जूते चप्पल पहनें, जो सामने से चौड़े हों।

डॉयबिटीज़ ज्यादा होने के कारण

इस तरह की परेशानी किसी को भी हो सकती है, परन्तु डॉयबिटीज के मरीजों में हम लोग इस तकलीफ को ज्यादा देखते हैं। इसके कुछ कारण होते हैं, जिनमें प्रमुख है, Diabetic Neuropathy जिसकी वजह से पैर की छोटी माँसपेशियों का संतुलन गड़बड़ा जाता है। जिससे पैर की उंगलियों में टेढ़ापन आ जाता है, और उसका नाखून की ऊपरी प्लेट पर असर पड़ जाता है, और वह त्वचा के अंदर प्रवेश कर जाती है। कई बार डॉयबिटीज के मरीज पैर व नाखून की

सही देखभाल नहीं करते और नाखून को ज्यादा लंबा होने देते हैं जिससे वह मुड़ (Curve) जाता है, और माँस में घुसने वाले नाखून में बदल जाता है।

डॉयबिटीज के मरीजों के लिए यह आवश्यक है कि वे अपने नाखूनों की देखभाल करें ताकि ऐसी बीमारी से बचा जा सके।

मधुमेह और मुँह की बीमारियाँ

स्वस्थ दाँत और स्वस्थ मसूड़े स्वस्थ पाचन तंत्र का एक भाग हैं। आपके मुँह का स्वास्थ्य आपके पोषण और भोजन के आनन्द को प्रभावित करता है। रक्त में शर्करा की अधिक मात्रा आपकी मुख में उपस्थित बैक्टीरिया की वृद्धि को सामान्य से बढ़ा सकती है। इससे आपके मुँह की और मसूड़े की बीमारियों का ख़तरा बढ़ जाता है। ऐसा नहीं है कि सिर्फ रक्त में शर्करा की बढ़ी हुई मात्रा ही मसूड़े में बीमारी को जन्म देती है बल्कि मसूड़े की बीमारी भी आपके रक्त की शर्करा को बढ़ा सकती है।

मसूड़े की बीमारियाँ

हम सभी के मुँह में प्राकृतिक रूप से बैक्टीरिया होते हैं। ये बैक्टीरिया खाने में लार के साथ मिलकर एक चिपचिपी झिल्ली जैसी संरचना बनाते हैं जिसे प्लैक कहते हैं। यदि इस प्लैक को प्रतिदिन न साफ किया जाये तो ये आपके दाँतों और मसूड़ों पर चिपककर कड़ी हो जाती हैं और टार्टर का निर्माण करती हैं।

दाँतों की सफाई करके इस टार्टर को हटाया जा सकता है। यह मसूड़ों के नीचे जाकर दाँतों की जड़ों और दाँतों को हानि पहुँचाता है। यही मसूड़ों की बीमारी है जो डायबिटीज़ की एक आम समस्या है।

मसूड़ों में बीमारी का विकास

प्लेक और टार्टर

- मुँह में उपस्थित बैक्टीरिया दाँतों पर प्लैक बनाते हैं यदि इसे हटाया न गया तो यह सख्त होकर टार्टर में बदल जाता है।

जिंजीवाइटिस (मसूड़ों की प्रारम्भिक बीमारी)

प्लैक और टार्टर दाँतों पर जम जाते हैं और ये मसूड़ों को नीचे की ओर धकेलने लगते हैं। मसूड़ों में सूजन और खून आने की समस्या हो जाती है।

पेरीआडॉन्टाटिस (मसूड़ों की बीमारी की गम्भीर अवस्था)

टार्टर मसूड़ों की लाइन के नीचे पहुँच जाता है। मसूड़े दाँतों और उनकी जड़ों से दूर हट जाते हैं। दाँतों और हड्डियों की क्षति होने लगती है। दाँत या तो गिर जाते हैं या उनको निकालने की आवश्यकता पड़ सकती है।

मसूड़ों में बीमारी के लक्षण

आपके मसूड़ों में बीमारी की शुरुआत न हुयी हो तो भी इन सभी लक्षणों पर ध्यान दें–

- मसूड़ों का लाल होना, उनमें सूजन आना, और दर्द होना।
- दाँतों पर टार्टर का दिखना।
- मसूड़ों से अक्सर खून का आना।
- मसूड़ों की लाइन पर मवाद का दिखना।
- दाँतों से मसूड़ों का दूर हो जाना।
- आपके मुँह का स्वाद बिगड़ना।
- आपके मुँह से बदबू का आना।
- खाद्य पदार्थों को काटने की क्षमता में कमी का आना।

मुँह की अन्य समस्यायें

मुँह में सूखापन रहना

मुँह में मुँह को गीला रखने और साफ रखने वाले लार (सलाइवा) की कमी हो सकती है। इसका कारण रक्त शर्करा की मात्रा का बढ़ना, तंत्रिका तंत्र (सैलाइवरी ग्लैंड्स) में खराबी का आना या फिर दवाओं

का असर हो सकता है। मुँह में सूखापन, मुँह में थूक के निर्माण, या संक्रमण को उत्पन्न कर सकता है।

थ्रश (फंगस संक्रमण)

यह फंगस आपके शरीर में पाया जाता है और सामान्य रूप से नियंत्रण में रहता है। जबकि रक्त शर्करा की बढ़ी हुयी शर्करा इस फंगस को बढ़ाने का काम कर सकती है।

स्वाद महसूस करने की क्षमता में कमी

मुँह की देखरेख में असावधानी, मसूड़ों की बीमारी और मुँह में संक्रमण के कारण मुँह की स्वाद लेने की क्षमता में कमी आ सकती है।

मसूड़ों की बीमारी की वजह से बैक्टीरिया का रक्त पहुँचना

मसूड़ों में बीमारी की वजह से उत्पन्न बैक्टीरिया आपके शरीर के अन्य भागों में भी पहुँच सकते हैं।

यदि आपके ह्रदय के वाल्व में कहीं गड़बड़ी है तो ये बैक्टीरिया वहाँ पर गम्भीर संक्रमण होने की संभावनायें बढ़ा देते हैं।

खून की धारा में बैक्टीरिया की उपस्थिति भी रक्त शर्करा को नियंत्रित करने में परेशानी उत्पन्न करती है।

मुँह की बीमारियों के लक्षण

- दाँतों पर काले धब्बों का होना।
- मुँह में या साइनस का दर्द।
- दाँतों की संवेदनशीलता का बढ़ना।
- आपकी जीभ में जलन का अनुभव होना।
- खाने को निगलने में परेशानी होना।
- बुखार होना या रक्त शर्करा का बिना किसी कारण के बढ़ना।

आपके डॉक्टर का उत्तरदायित्व

आपके प्राथमिक उपचार वाले डॉक्टर आपके मुँह की आम परेशानी की जाँच करके जरूरत होने पर आपको किसी दंत चिकित्सक के पास भेज सकते हैं।

आपके दाँतों की साधारण जाँच के दौरान आपके दंत चिकित्सक या सुरक्षाकर्त्ता (dental hygienist) को निम्नलिखित काम करने चाहिए–

- उनको अपने दाँतों को साफ करने और ब्रूश करने के तरीके के बारे में बतायें।
- प्लैक और टार्टर को हटाऐं।
- अपने दाँतों की पूरी तरह से सफाई करें।

इनके लिए सम्भावित जाँचों में निम्नलिखित हो सकती हैं–

(i) एक्स–रे।
(ii) पेरीओडॉन्टल चार्टिंग (दाँतों और मसूड़ों के बीच की जगह की नाप)।

आपके प्राथमिक चिकित्सक और दाँत रोग विशेषज्ञ को एक टीम की तरह काम करना चाहिए। जैसे कि आपके दाँतों को ठीक करने के लिए किसी एंटीबायोटिक या दूसरी दवा की जरूरत हो सकती है। दोनों डॉक्टरों को यह विचार करने की जरूरत है कि कैसे एक नयी दवा को आपको दिया जाये या नयी दवा को आपके द्वारा ली जाने वाली पहले की दवा के साथ कैसी प्रतिक्रिया हो सकती है।

आपको दिये जाने वाले उपचार

यदि आपको मसूड़ों की बीमारी है तो आपके दाँत रोग विशेषज्ञ दाँतों में छिपे टार्टर को हटाने के लिए आपके दाँतों को खुरच सकते हैं। इसके लिए लोकल एनेस्थीसिया देने की जरूरत होती है। यदि क्षति ज्यादा हो गयी है तो आपको किसी पेरियोडॉन्टिस्ट (मसूड़ों के

विशेषज्ञ) के पास भेजा जा सकता है जो आपके दाँतों की सर्जरी कर सकते हैं ताकि आपके मसूड़े के ऊतकों को बाँधकर उन्हें फिर से ठीक किया जा सके।

कभी–कभी दाँतों को निकालने की जरूरत भी पड़ सकती है। यदि ऐसा है तो आपको एक ब्रिज या डेन्टरज़ की जरूरत होती है।

आपको मुँह के सूखेपन, संक्रमण और घावों के उपचार के लिए दवाओं की जरूरत हो सकती है। बिना चीनी की गम, मिन्ट्स, पानी या चावल की चिप्स आपकी मुँह के सूखेपन से मदद कर सकते हैं। कैफीन और एल्कोहल का कम सेवन भी इसमें आपकी मदद कर सकते हैं। सेलाइवा सब्सटीट्यूट इसके दूसरे विकल्प हो सकते हैं। आपके स्वाद लेने की क्षमता में आयी कमी को अच्छे रक्त शर्करा पर नियंत्रण और खाने के तरीकों में तथा खाने की दिनचर्या में परिवर्तन करके बढ़ाया जा सकता है। मुँह की उचित देखभाल और इसका नियंत्रण आपके खान–पान को बदल सकता है। मुँह की अच्छी देखभाल आपके रक्त शर्करा की मात्रा को भी नियंत्रित कर सकती है। अपनी मधुमेह देखभाल करने वाली टीम से मिलकर अपने स्वाद लेने की क्षमता को बढ़ाने के उपायों के बारे में बात करें।

आप द्वारा बरती जाने वाली सावधानियाँ

मुँह में बैक्टीरिया पर नियंत्रण रखने के लिए अपने रक्त में शर्करा की मात्रा पर नियंत्रण रखें। प्रत्येक 6 महीने पर अपने दाँतों की जाँच करायें। लगातार परीक्षण से लक्षणों के दिखने के पहले ही हम समस्या के बारे में जान सकते हैं।

दन्त विशेषज्ञ से सलाह करें

अपने दन्त चिकित्सक को बतायें कि आपको मधुमेह की बीमारी है और यदि आप कोई दवा लेते हैं तो उसके बारे में भी बतायें। यदि आपकी रक्त शर्करा बहुत कम हो जाती हो तो अपना ग्लूकोज मीटर और कुछ कार्बोहाइड्रेट का स्रोत अपने साथ रखें। यदि आपके मुँह में

कोई घाव है तो दांत के डॉक्टर से मिलें। अपने दन्त चिकित्सक से जीवाणुओं, टार्टर और जिंजीवाइटिस से बचने के लिए सहायक दवाइयों के बारे में जानकारी लें। अपने दाँतों और मुँह की सफाई और ब्रुश करने के तरीकों के बारे में विशेषज्ञ से सलाह करें और उनके सुझावों का पालन करें।

परीक्षण (आब्जर्वेशन)

अपने मुँह, मसूड़ों और दाँतों में किसी परिवर्तन को देखें और उसके बारे में अपने दन्त चिकित्सक से बात करें।

मुख की दैनिक सुरक्षा

खाना खाने के बाद दाँतों को ब्रुश से साफ करें। फ्लॉस से अपने दाँतों के बीच की जगह की सफायी दिन में कम से कम एक बार करें।

डेन्चर्स—रात में डेन्चर्स को साफ करके हटा दें।

धूम्रपान—धूम्रपान न करें। यह आपके मुख के स्वास्थ्य के लिए खतरनाक हो सकता है।

भोजन—अतिरिक्त मात्रा में मीठे का सेवन मुँह में बैक्टीरिया की वृद्धि को बढ़ाता है।

उपयोगी उपकरण

फ्लॉस होल्डर (Floss-holder) और इलेक्ट्रिक टूथब्रुश ऐसे उपकरण हैं, जो आपके दाँतों की सुरक्षा को आसान बनाते हैं।

दाँतों की सफाई एवं देखभाल

दांतों की सही देखभाल एवं सफाई हर व्यक्ति के लिये जरूरी है। मधुमेह के मरीजों को अतिरिक्त सावधानी रखनी चाहिये क्योंकि इन लोगों में बढ़े हुए ब्लड शुगर के कारण मसूड़ों पर असर पड़ता है एवं यह खराब हो जाते हैं। किसी भी तरह का मसूड़ों पर जमाव

बैक्टीरियल इन्फेक्शन का नतीजा हो सकता है जिससे आगे चलकर दो दांतों के बीच की जगह कमजोर पड़ने लगती है।

मसूड़ों पर असर

इन रोगियों में खून के कम बहाव तथा सेलीवा में शुगर की अधिक मात्रा होने के कारण मसूड़ों का किसी भी इन्फेक्शन से लड़ने के लिए प्रतिरोध कम हो जाता है।

क्या करें

- मीडियम नरम टूथ ब्रुश का प्रयोग करें एवं हर रोज दिन में दो बार हर बार खाने के बाद ब्रुश करें।
- ब्रुश को हर तीन महीने में बदलें।
- दांतों के डॉक्टर से परामर्श लेते रहें।
- उच्च रक्तचाप एवं मधुमेह को नियंत्रण में रखें एवं इसकी जानकारी अपने डॉक्टर को दें। यह भी बताएं कि आप कौन–कौन सी दवाइयां खा रहे हैं।
- दांतों के डॉक्टर के पास जाने से पहले अपनी शुगर की जांच अवश्य कराएं।
- अपनी दवाइयां या इन्सुलिन तथा नाश्ता या खाना खाकर ही दांतों के डॉक्टर के पास जाएं।
- अगर कभी गर्म चाय या अन्य किसी कारण मुंह में छाले पड़ जाते हैं तो तुरन्त डॉक्टर से परामर्श लें।

आपके दांतों का भविष्य आपके हाथ में है। थोड़ी सी सावधानी रखने से आप इन्हें सही सलामत रख सकते हैं।

मधुमेह एवं पेट की समस्याएँ

पाचन तंत्र

आपका आमाशय खाने को पाचक रसों और आमाशयी अम्ल में मिश्रित करता है। यहाँ से भोजन टूटता है और अग्रिम पाचन के लिए छोटी आँत में चला जाता है। वहाँ से आपके भोजन के पोषक तत्वों और शर्करा का खून में अवशोषण (abzorb) होता है। इसके आगे बड़ी आंत पानी का अवशोषण करती है। बचा हुआ पदार्थ अपशिष्ट के रूप में निकल जाता है। यह मलाशय में चला जाता है। जब यह अपशिष्ट पदार्थ मलाशय से बाहर जाने लगता है, तो स्फिंक्चर की मांसपेशियाँ इस पर अपना नियंत्रण करती हैं। तंत्रिका तंत्र में कोई गड़बड़ी (आटोनमिक न्यूरोपैथी) भी पाचन तंत्र की प्रक्रियाओं को बढ़ा या घटा सकती है। ऐसा होने से निम्नलिखित परेशानियां आ सकती हैं।

गैस्ट्रोपेरसिस (आँतों का ढीलापन)

खाद्य पदार्थ छोटी आँत में जाने से पहले साधारण से ज्यादा समय तक आपके आमाशय में ही रुका रहता है। परिणामस्वरूप आपके शरीर के रक्त में शर्करा की मात्रा पहुँचने में भी विलम्ब हो जाता है। अगर आपने खाना खाने के पहले इन्सुलिन या डायबिटीज़ की दवाई ले ली है, तो आपके रक्त में इन्सुलिन तो पहुँच जाता है, लेकिन वहाँ पर्याप्त मात्रा में शर्करा नहीं होती है।

यह परिस्थिति रक्त में शर्करा की कमी उत्पन्न कर सकती है। जब शर्करा आपके रक्त में पहुँचती है तब तक अधिकांश इन्सुलिन

खत्म हो चुका होता है और यह स्थिति आपके रक्त में शर्करा की मात्रा को बढ़ा देती है।

कब्ज का रहना

- अपशिष्ट पदार्थ बहुत धीरे-धीरे आपकी आँत से निकलता है, इसके परिणामस्वरूप आप सप्ताह में तीन से भी कम बार अपशिष्ट पदार्थों का उत्सर्जन कर पाते हैं। यह सबसे ज्यादा प्रचलित पाचन की समस्या है।

डायरिया

- अपशिष्ट पदार्थ आपकी आँतों से बहुत ही तीव्र गति से बाहर निकलते हैं, विशेषकर एक भारी खाना खाने के बाद। परिणामस्वरूप आपके शरीर में बहुत कम मात्रा में पानी का अवशोषण होता है, जिससे पानी की तरह मल त्याग होता है।

मल त्याग पर नियंत्रण का न होना

- तंत्रिका तंत्र (Nerves) में कोई खराबी स्फिंक्चर मांसपेशियों की अपशिष्ट पदार्थों के उत्सर्जन की प्रक्रिया को प्रभावित करती है। अन्य पाचन सम्बन्धी समस्यायें जैसे कि भोजन ग्रहण करने में परेशानी, गालब्लेडर में पथरी या कुछ खाते समय छाती के ऊपरी हिस्से में और माथे पर पसीने आना आदि हो सकती है। इस प्रकार का पसीने आने की समस्या को गस्टेटरी स्वेटिंग (gustatory sweating) कहते हैं।

गुर्दा

- आपकी किडनी (गुर्दा) आपके रक्त के सभी प्रकार के अपशिष्ट पदार्थों के अवशोषण का काम करती है। यह अपशिष्ट तरल

पदार्थ मूत्र के रूप में मूत्राशय में एकत्रित किया जाता है। जब मूत्राशय भर जाता है तब आपका तंत्रिका तंत्र आपको इसे बाहर निकालने (मूत्रोत्सर्जन) के लिए प्रेरित करता है। तंत्रिका तंत्र में खराबी आपके मूत्राशय की संवेदना को कम कर सकती है। जिससे आपको इसके खाली होने या भरे होने का एहसास नहीं हो पाता है। तंत्रिका तंत्र में खराबी स्फिंक्चर मांसपेशियों को भी प्रभावित कर सकती है, जो मूत्रोत्सर्जन की प्रक्रिया को नियंत्रित करती हैं। यदि आपका मूत्राशय भरा हुआ है और आपको इसका एहसास नहीं हो रहा है तो आपके शरीर से मूत्र बाहर निकल सकता है। दूसरी तरफ ऐसा भी हो सकता है कि आपको अपने मूत्राशय के खाली होने का आभास न हो। जो मूत्र की मात्रा मूत्राशय में रह जाती है वह उसके आकार को बढ़ाने, संक्रमण या गुर्दे की गड़बड़ी जैसी समस्याओं को उत्पन्न कर सकती है।

लक्षण

इन अंगों में तंत्रिका तंत्र की गड़बड़ी के निम्नलिखित लक्षण हो सकते हैं–

आमाशय

- जी मिचलाना, खाये गये भोजन की उल्टी होना, दर्द, सीने में जलन, गैस का बनना, पेट के भरे होने का आभास होना, पानी की कमी होना, रक्त में शर्करा की मात्रा का घटना-बढ़ना, शरीर का वजन कम होना और शरीर का कुपोषित होना।

आँत

- बदहजमी, कब्ज, मल त्याग पर नियंत्रण न होना, रक्तशर्करा की अस्थिर मात्रा।

मूत्राशय

- पेशाब पर नियंत्रण न होना, मूत्रोत्सर्जन में परेशानी या बहुत

समय लगना, कम मात्रा में जल्दी-जल्दी पेशाब का होना, शरीर के निचले हिस्से में भारीपन का आभास होना।

मूत्राशय में संक्रमण

- गहरे रंग की व बहुत तेज गंध वाली पेशाब का होना, मूत्र में रक्त का आना, जल्दी-जल्दी थोड़ी मात्रा में पेशाब का होना, मूत्रोत्सर्जन के दौरान जलन या दर्द का होना, पेशाब करने की इच्छा होना लेकिन किये बिना ही उठ जाना, बुखार, ठण्डी लगना, कपकपी लगना, रक्त में शर्करा की बहुत बढ़ी हुई मात्रा का होना।

आपके चिकित्सक का उत्तरदायित्व

आपके चिकित्सक को आपके शरीर की पूरी जाँच के साथ-साथ कुछ टेस्ट भी कराने चाहिए। इसमें आपका ई.सी.जी. भी हो सकता है। आपके चिकित्सक को आपकी दवायें भी देखनी चाहिए। कुछ ऐसी दवायें भी हो सकती हैं, जिनका असर आपके पाचन या उत्सर्जन तंत्र पर पड़ा रहा हो। आपको किसी पाचनतंत्र विशेषज्ञ (Gastro-enlerologist) की सलाह लेनी चाहिए (Gastroenterologist) या किसी यूरोलॉजिस्ट (Urologist) से सलाह लेनी चाहिए।

आपके पेट और आँत के लिए

निम्न विभिन्न जाँच हो सकती हैं–

- आपके आमाशय और आँत की तंत्रिकाओं और मांसपेशियों की कार्यक्षमता की जाँच।
- आपका भोजन आपके आमाशय में कितनी देर तक रहता है इसकी जाँच।
- यह निर्धारित करना कि आपकी आँतों से खाना कितनी तेजी से निकलता है।

- छोटी आँत में बैक्टीरिया की अधिकता या बड़ी आँत में हानिकारक बैक्टरीया का होना।
- किसी खाद्य पदार्थ की एलर्जी की जाँच।
- आपके शरीर में गलूटेन इन्टोलरेन्स का होना–गेहूँ या दूसरे अनाज से (यह टाइप–1 डायबिटीज़ में हो सकता है)।
- दूसरी बीमारियों का होना जैसे अल्सर, ट्यूमर या क्रोन्ज डिसीज।

आपके चिकित्सक आपको ऐसी दवाइयाँ उपलब्ध करा सकते हैं जो आपके शरीर में मितली आना, उल्टी आना या पेट को खाली करने की परेशानियों को कम कर सकें। इसके साथ ही आपके आहार विशेषज्ञ (Nutritionist) आपको अपनी परेशानियों से राहत दिला सकते हैं। अगर दवाइयों का असर न हो रहा हो तो गैस्ट्रिक स्टीमुलेशन, गैस्ट्रोपेरेसिस के रोगियों के लिए एक विकल्प हो सकता है।

यह छोटा–सा उपकरण पेसमेकर की तरह का होता है। इसके द्वारा उत्पन्न तरंगें जी मिचलाना और उल्टी आने जैसी समस्याओं को कम करने में सहायक सिद्ध होती हैं।

आपके मूत्राशय और मूत्र नलिका के लिए निम्न जाँच करा सकते हैं–

- मूत्रनलिका में संक्रमण की पहचान।
- गुर्दे की कार्यक्षमता की जाँच।
- मूत्राशय के पूरा खाली न होने जैसी समस्या।
- दवाइयाँ मूत्राशय की मांसपेशियों को आराम पहुँचा सकती हैं और आपके मूत्राशय को पूरी तरह से खाली करने में सहायता कर सकती हैं। एंटीबायोटिक्स दवायें आपकी मूत्रनलिका में संक्रमण को खत्म करने में सहायता कर सकती हैं।

आपके द्वारा किये जाने वाले उपाय

रक्त शर्करा पर अच्छा नियंत्रण इन लक्षणों को कम कर सकता है,

और आपको आगे तंत्रिका की खराबी से बचाता है। आपको धूम्रपान और मदिरापान से भी बचना चाहिए।

आपको अपने पाचन, उत्सर्जन या मूत्राशय में किसी परिवर्तन के बारे में अपने चिकित्सक से सलाह लेनी चाहिए। आपको निम्नलिखित सावधानियों के बारे में अपने चिकित्सक से मशवरा करना चाहिए जो आपको स्वयं करनी हैं।

गैस्ट्रोपैरेसिस (Gastroparesis)

खाने में अन्तर कम रखें

जल्दी-जल्दी और थोड़ा-थोड़ा खाना खायें। तरल पदार्थों (Liquids) का सेवन करें। ऐसे खाने से बचें जिसमें वसा और रेशे की मात्रा ज्यादा हो। खाना खाने के बाद रक्त शर्करा के स्तर की जाँच करें और अपने इन्सुलिन की मात्रा को इसके हिसाब से परिवर्तित करें।

आँत की परेशानियाँ

कब्ज और डायरिया से बचने के लिए ज्यादा मात्रा में तरल पदार्थों का सेवन करें। कब्ज से बचने के लिए ज्यादा क्रियाशील रहने की कोशिश करें। अगर आपकी आँतों में गैस्ट्रोपैरेसिस की शिकायत नहीं है तो अपने खाने में रेशे वाले पदार्थों की मात्रा बढ़ायें। ज्यादा मात्रा में पेट साफ करने वाले पदार्थों जैसे एनीमा या फिर पेट साफ करने के लिए किसी अन्य उपायों को न अपनायें, इन्हें कभी-कभार ही प्रयोग करें। डायरिया से बचने के लिए खाने से 30 मिनट पहले एन्टीडायरियल दवा (लोपेरामाइट) का प्रयोग करें।

मूत्राशय की समस्यायें

ज्यादा मात्रा में तरल पदार्थों का सेवन करें। कुछ घण्टे पर अपने मूत्राशय को खाली करें, भले ही आपको मूत्र-त्याग का आभास न हो रहा हो। अपने मूत्राशय को दबायें, अगर पेशाब नहीं हो रहा है

तो डॉक्टर से सलाह लें। एक नली की सहायता से बची हुई पेशाब बाहर निकाली जा सकती है। मूत्राशय में किसी संक्रमण के लिए समय-समय पर जाँच करायें और उचित इलाज करायें।

डायबिटीज़ एवं स्नायु रोग

(Neuritis—Nerve Involvement)

डायबिटीज़ रोग में शरीर के पूरे स्नायु-तंत्र पर असर पड़ता है। पैरों का सो जाना या चींटियां जैसी चलना या सूईयों का सा चुभना, इस प्रकार के लक्षण डायबिटीज़, न्यूरिटिस में हो जाते हैं। इस प्रकार की तकलीफ खासकर रात्रि में अधिक परेशान करती है। कई लोगों को इतनी कमजोरी हो जाती है जिससे वे उठ, बैठ एवं चल भी नहीं सकते। सीढ़ियां चढ़ना भी बहुत मुश्किल लगता है एवं गिरने का डर लगा रहता है। कई बार चोट या खरोंच आने पर पता ही नहीं लगता।

शरीर में स्नायु (Nerves) मांसपेशियों के चलने और उनमें तालमेल बैठाने जैसी महत्वपूर्ण क्रियाओं पर प्रभाव डालती है। डायबिटीज़, का जब प्रभाव स्नायु पर पड़ता है तो कुछ लक्षण परिलक्षित होने लगते हैं जैसे **शरीर में झनझनाहट, हाथ व पैरों में सुई-सी चुभन, चलते वक्त पैरों में भारीपन लगना, पैरों का संवेदनशील न होना तथा गद्दे पर चलने जैसा अनुभव करना।** ये लक्षण इस बात के संकेत हैं कि स्नायु-तंत्र पर डायबिटीज़ का असर पड़ने लगा है, जिसे **न्यूरोपैथी** कहते हैं।

नंगे पैर चलने वाले रोगियों के स्नायु-तंत्र पर जब डायबिटीज़ का प्रभाव शुरू होता है तो पैरों में किसी भी चीज के चुभने का अहसास ही नहीं होता, बल्कि पैरों में घाव भी हो जाते हैं। शरीर में घाव के विष को फैलने से रोकने के लिए कभी-कभी पैर को काटने तक की नौबत तक आ सकती है। वैसे डायबिटीज़ के कारण खून की

धमनियों पर भी बुरा असर पड़ता है, क्योंकि ये सिकुड़ने लगती हैं और रोगी को इसका पता ही नहीं चल पाता। कुछ स्नायु, जो चेहरे तक जाती हैं (Facial-nerve palsy) डायबिटीज़ से प्रभावित होने पर मुंह टेढ़ा हो सकता है, अथवा आंख बंद हो सकती है।

स्नायु–तंत्र शरीर की विभिन्न कार्य–प्रणालियों को नियंत्रित करते हैं। डायबिटीज़ का प्रभाव जब इन पर पड़ता है तो रोगी पर इसके कुछ लक्षण दिखाई पड़ने लगते हैं। जैसे **रोगी को दस्त लगना या कब्ज होना, खाने के बाद पेट फूलना या उल्टी होना** आदि।

लिखने एवं टाइप करने में कठिनाई महसूस होती है। जमीन पर बैठकर उठने में बहुत तकलीफ होती है। अगर तकलीफ बढ़ती जाती है तो रोगी व्हील चेयर से ही कहीं आ जा सकता है।

रक्तचाप के बढ़ जाने पर रोगी खड़े होने पर गिर सकता है, चक्कर एवं आंखों के सामने अंधेरा छा सकता है। खाने में तकलीफ होती है। आँते ठीक से काम नहीं करतीं इससे कब्ज की शिकायत हो जाती है। कभी–कभी दस्त भी लग जाते हैं। पेशाब करने में भी तकलीफ होती है। कभी–कभी बार–बार पेशाब जाने की इच्छा होती है। शरीर के पेट के नीचे के हिस्से पर पसीना नहीं आता।

मधुमेह एवं सेक्स समस्याएँ

जब एक आदमी सहवास के लिए उत्तेजित होता है तो उसका दिमाग और तंत्रिकायें उसके पेनिस को रक्त से भर जाने का संकेत देते हैं। यह पेनिस को उत्तेजित कर देता है। जब एक औरत सहवास के लिए उत्तेजित होती है तो उसका मस्तिष्क और तंत्रिकायें उसकी वेजाइना को रक्त से भरकर चिकना बनाने का संकेत देती हैं। ये सारे परिवर्तन पुरुष और स्त्री को सहवास के लिए तैयार करते हैं। इस प्रकार आप साधारण सेक्स का आनन्द लेते हैं। रक्त नलिकाओं में कोई रुकाकट जननांगों में रक्त प्रवाह को कम कर देती है। रक्त नलिकाओं में कोई भी रुकावट या कम रक्त का प्रवाह जननांगों की संवेदनशीलता और क्षमता को कम कर सकती है। ये दोनों स्थितियाँ शरीर की लैंगिक क्षमता में भी कमी लाती हैं। ये सहवास की इच्छा में कमी और क्षमता में भी कमी लाती हैं। मानसिक स्थिति भी लैंगिक क्रियाओं को प्रभावित करती है। जैसे कि सेक्सुअल क्रियाओं की परेशानियों के बारे में चिन्ता करना भी सेक्सुअल क्रियाओं को प्रभावित करता है। सेक्स के दौरान रक्त में शुगर (शर्करा) में आने वाली कमी के बारे में सोचने से इच्छा में कमी आ जाती है। शारीरिक परेशानियाँ भी सेक्स की इच्छा में कमी लाती हैं।

ऊपर लिखी सभी शारीरिक और मानसिक परेशानियाँ स्त्री और पुरुष दोनों की सेक्स लाइफ को प्रभावित करती हैं। अगले भाग में हम दोनों की अलग-अलग परेशानियों को देखेंगे।

स्थितियाँ और लक्षण

स्त्री और पुरुष दोनों को अलग-अलग तरह की सेक्सुअल डिस्फंक्शन/सेक्स समस्याओं की परेशानियाँ होती हैं।

इरेक्टाइल डिसफंक्शन

प्राथमिक तौर पर पेनिस ढीलापन जैसी परेशानियाँ देखने को मिलती हैं। बाद में सहवास के दौरान पेनिस की फर्मनेस को बनाये रखने में परेशानी हो सकती है। यहाँ तक कि इरेक्शन/सेक्स करना असंभव हो सकता है।

रेटोग्रेड इजैकुलेशन

सहवास या और्गज्म के दौरान बहुत थोड़ी मात्रा में सीमेन निकलने जैसी परेशानी हो सकती है या ऐसा भी हो सकता है कि सीमेन उल्टा ब्लैडर में ही निकल जाये।

वेजाइनल ड्राइनेस

वेजाइना में सूखेपन की स्थिति सहवास के दौरान परेशानी और दर्द का कारण हो सकती है।

यीस्ट (फंगल) और वेजाइनाइटिस इन्फेक्शन

खुजली, जलन और वेजाइना से किसी प्रकार के तरल पदार्थ का निकलना इस स्थिति की प्राथमिक परेशानियाँ हो सकती हैं ये वेजाइनल संक्रमण के लक्षण है। इससे सहवास के दौरान कठिनाई हो सकती हैं।

ब्लैडर की परेशानियाँ

संक्रमण, दर्द या पेशाब पर नियंत्रण न होने जैसी स्थितियों का डर सेक्सुअल प्लेजर को प्रभावित करती हैं।

आपके डॉक्टर की भूमिका

सेक्सुअलिटी जिन्दगी का महत्त्वपूर्ण भाग होती है। फिर भी बहुत से लोगों के लिए इसके बारे बात करना बहुत ही मुश्किल होता है। अपनी सेक्सुअल जिन्दगी के बारे में अपने डॉक्टर से खुलकर

बात करना आपके डॉक्टर के लिए आपकी सेक्सुअल परेशानियों व स्वास्थ्य की देखरेख में सहायक हो सकता है। इसके लिए आपका डॉक्टर निम्नलिखित जाँच कर सकता है–

- आपके रक्त में ब्लड शुगर, रक्तचाप और कोलेस्ट्रॉल की स्थिति की जाँच।
- तंत्रिकाओं और संवहनी तंत्र (Blood vessels) में किसी खराबी की जाँच।
- वेजाइनल और युरीनरी ट्रेक्ट में संक्रमण की जाँच (महिलाओं के लिए)।
- आपकी दवाओं के कारण सेक्स लाइफ पर गलत प्रभाव।
- हार्मोन्स की कमी की जाँच।
- ऐसी शारीरिक परेशानियों की जाँच जो मधुमेह से सम्बन्धित न हों।

आपको दिये जाने वाले उपचार

आपके डॉक्टर आपको लगातार रक्त में शर्करा की जाँच, रक्तचाप और कोलेस्ट्रॉल के स्तर की जाँच कराने की सलाह देते हैं, कुछ नीचे ऐसी जाँच दी गयी हैं जो आपके उपचार में आपकी सहायता कर सकती हैं। ये सभी नीचे की तालिका में दिए गये हैं।

पुरुषों के लिए–

स्थिति	उपचार
इरेक्टाइल डिस्फंक्शन	• पिल्स (वियाग्रा, लेवाइट्रा, सियाविस) • रक्त संवहन बढ़ाने के लिए इंजेक्शन • पिनाईल (युरेथ्रल) स्पोजीटरीज • पिनाइल रिंगस • वैक्युम पम्पस • पिनाइल इम्पलान्ट्स (सर्जीकल)

महिलाओं के लिए–

स्थिति	उपचार
वेजाइनल ड्राइनेस	• लुब्रीकेन्टस • हार्मोन्स सप्लीमेन्टस
यीस्ट संक्रमण	• एन्टीफंगल मेडीकेशन
वेजाइनाइटिस	• टापीकल ट्रीटमेन्ट, दवाइयाँ • एन्टीबॉयोटिक्स (संक्रमण के लिए)
ब्लैडर की परेशानियाँ	• सहवास के बाद और पहले मूत्र त्याग

पुरुषों और महिलाओं के लिए

स्थिति	उपचार
दवाइयों का गलत असर	• विभिन्न दवाइयों का उपयोग जो सेक्सुअल फंक्शन को प्रभावित न करें
हार्मोन की कमी	• हार्मोन सप्लीमेंट
मनोवैज्ञानिक समस्यायें या परेशानियाँ	• काउंसिलिंग
संभोग करने की क्षमता में कमी।	• अपने साथी के साथ बात करें, अपने अनुभवों को एक-दूसरे को बतायें

आपके द्वारा की जाने वाली सावधानियाँ—यदि आप अपने सेक्स में स्वास्थ्य सम्बन्धी कोई परिवर्तन देखते हैं तो अपने डॉक्टर को बतायें। अपने साथी से संवाद स्थापित करें और एक-दूसरे की बातों को ध्यान से सुनें। अपनी जरूरतों व पसन्द के बारे में बात करें।

अपने रक्त की शर्करा, रक्तचाप और कोलेस्ट्रॉल के स्तर को सही रखने के लिए अपने डॉक्टर से बात करें। ये दोनों चीजें संवहन और महसूस करने की क्षमता दोनों को प्रभावित करते हैं, और सेक्सुअल डिस्फंक्शन का कारण बनते हैं। यदि आप धूम्रपान करते हैं, तो इसे छोड़ने का प्रयास करें। धूम्रपान रक्त के संवहन को प्रभावित करता है। शराब भी रक्त के संवहन और महसूस करने की क्षमता को प्रभावित करती है, इसलिए शराब की मात्रा को कम करें।

संभोग से पहले अपने रक्त में शर्करा की मात्रा की जाँच करें। यदि आपको ऐसा लगता है कि इस क्रिया के दौरान आपकी रक्त शर्करा में कमी आ सकती है तो इसके पहले कुछ खा लें या अपने इन्सुलिन की मात्रा को कम कर दें। सेक्स के बाद अपने रक्त की शर्करा के स्तर की जाँच करें और हाइपोग्लाइसीमिया का उपचार करें यदि इसकी आवश्यकता है।

- यदि तम्बाकू या एल्कोहल का प्रयोग करते हैं, तो ये भी आपकी परेशानी का कारण हो सकते हैं।

आपके डॉक्टर आपको सेक्स रोग विशेषज्ञ, सेक्सुअल थिरेपिस्ट, गाइनेकोलॉजिस्ट (महिलाओं के लिये) या यूरोलॉजिस्ट (पुरुषों के लिये) के पास भेज सकते हैं। वे आपकी भावनात्मक परेशानियों को समझने का प्रयास करते हैं जो आपकी सेक्सुअल डिस्फंक्शन से सम्बन्धित हैं।

तनाव और पेट स्वास्थ्य

तनाव एक सामान्य अनुभव है जो हम सभी अनुभव करते हैं, परन्तु लंबे समय तक तनाव में रहना या अत्यधिक तनाव हानिकारक हो सकता है। जब हम तनाव में होते हैं तो हमारे शरीर में तनाव के हार्मोन 'कोर्टिसोल' का स्तर बढ़ जाता है। कोर्टिसोल शरीर के पाचन तंत्र का संतुलन बिगाड़ देता है, जिसके कारण पेट में एसिड का उत्पादन तेज हो सकता है। यह एसिड पेट की परतों पर दबाव बनाता है, जिससे पेट दर्द महसूस होने लगता है। इसी के साथ तनाव के कारण एड्रेनालाइन और नॉरएड्रेनालाइन हार्मोन भी बनते हैं, ये दोनों भी पाचन तंत्र को नुकसान पहुंचाते हैं, जिससे गैस, अपच आदि की परेशानी हो सकती है।

मांसपेशियों का तनाव बढना

तनाव शरीर की मांसपेशियों को सिकोड़ देता है, जिससे ऐंठन और दर्द की शिकायत हो सकती है। जब ये अकड़न पेट की मांसपेशियों तक जा पहुंचती है तो हमें पेट दर्द की समस्या होने लगती है। इसी के साथ तनाव मांसपेशियों के रक्त प्रवाह को कम कर देता है, जिससे मांसपेशियों को पर्याप्त ऑक्सीजन नहीं मिल पाती और दर्द महसूस होने लगता है। कई बार इसके कारण मांसपेशियों में सूजन भी आ जाती है।

कमजोर हो जाती है इम्यूनिटी

जब हम बहुत ज्यादा तनाव में होते हैं तो इसका असर हमारी प्रतिरक्षा प्रणाली पर पड़ता है। टेंशन से हमारी इम्यूनिटी कमजोर हो

जाती है, जिससे शरीर कई संक्रमणों का शिकार हो जाता है। ऐसे में हानिकारक बैक्टीरिया शरीर में फैलकर हमारी पाचन प्रणाली को खराब कर देते हैं। इससे न सिर्फ पाचन खराब होता है, बल्कि पेट की परतों पर भी सूजन आ जाती है, जो दर्द का कारण बनती है।

पेट में एसिडिटी

तनाव के समय, शारीरिक तनाव के कारण आपके पेट में एसिडिटी का स्तर बढ़ सकता है। यह एसिडिटी आपके पेट की वृद्धि को प्रेरित कर सकती है, जिससे आपको जलन, चुभन, और असहजता अनुभव हो सकती है।

भोजन संबंधित समस्याएँ

तनाव के कारण, आपका भोजन अनियमित और अधिक हो सकता है। कुछ लोग तनाव के समय अधिक खाने लगते हैं, जबकि कुछ लोग तनाव के समय भूख में कमी का अनुभव करते हैं। इसका परिणाम आपको पेट संबंधित समस्याएँ हो सकती हैं।

पेट में अल्सर

तनाव आपके पेट में एसिडिटी के स्तर को बढ़ा सकता है, जिससे आपको पेट में अल्सर का ख़तरा हो सकता है। अल्सर पेट के लिए काफी पीड़ादायक हो सकता है और समय रहते उपचार न किया जाए, तो यह गंभीर समस्याओं का कारण बन सकता है।

पेट में जलन

तनाव के कारण, आपके पेट में अधिक एसिडिटी का स्तर बढ़ सकता है, जिससे आपको जलन और चुभन का अनुभव हो सकता है। यह आपको पेट में असहजता का अनुभव करवा सकता है और आपकी दिनचर्या को प्रभावित कर सकता है।

आँत माइक्रोबायोटा का खतरा

टेंशन के कारण आंत माइक्रोबायोटा का ख़तरा बढ़ जाता है। प्रत्येक व्यक्ति में माइक्रोबायोटा का एक नेटवर्क होता है। माइक्रोबायोटा बैक्टीरिया, वायरस, कवक (fungus/yeast) का समूह होता है। तनाव के कारण इन सूक्ष्मजीवों का संतुलन और संरचना दोनों ही बदल सकते हैं। जिससे कई गैस्ट्रोइंटेस्टाइनल समस्याएं हो सकती हैं।

तनाव कम करने के उपाय

तनाव को कम करने के लिए, निम्नलिखित उपायों को अपनाया जा सकता है–

- **ध्यान और योग:** ध्यान और योग अभ्यास से तनाव को कम करने में मदद मिल सकती है। ध्यान और प्राणायाम के अभ्यास से मानसिक चंचलता कम होती है और तनाव नियंत्रित होता है।
- **नियमित व्यायाम:** नियमित व्यायाम करना शारीरिक और मानसिक स्वास्थ्य को सुधारने में मदद करता है। योग, प्राणायाम, और व्यायाम कार्यक्रम अपनाना तनाव को कम करने में सहायक हो सकता है।
- **संतुलित आहार:** संतुलित आहार खाना, पेट स्वास्थ्य को सुधारने में मदद कर सकता है। ताजगी से भरपूर और पोषक तत्वों से भरपूर आहार लेना और प्रोबायोटिक्स और प्रीबायोटिक्स जैसे पेट स्वास्थ्य के लिए फायदेमंद आहार पदार्थों को शामिल करना उपयुक्त होता है।
- **नियमित नींद लेना और विश्राम करना** शारीरिक और मानसिक स्वास्थ्य के लिए महत्वपूर्ण है।

खतरनाक खर्राटे एवं मधुमेह

आपने ट्रेन में यात्रा करते समय, साथी यात्री द्वारा जोरदार खर्राटे के कारण होने वाली झुंझलाहट का अवश्य अनुभव किया होगा। इसी तरह परिवार में किसी सदस्य द्वारा खर्राटे लेने के कारण उसे अलग कमरे में सुलाने की व्यवस्था करना भी एक आम बात है। विदेशों में खर्राटों के कारण तलाक हो जाने की घटनायें भी सुनने में आती हैं। क्या आपने कभी सोचा है कि खर्राटे लेने वाले न सिर्फ अपने आसपास के लोगों के लिये मुश्किल पैदा करते हैं बल्कि खर्राटे स्वयं उनकी सेहत के लिए भी हानिकारक हैं।

क्या है स्लीप एपनिया

सोने के दौरान तेज खर्राटे के साथ बार-बार साँस रुकना व नींद का खुल जाना, जिसके कारण होने वाली मेडिकल समस्याओं को स्लीप एपनिया सिंड्रोम का नाम दिया गया है। यह बीमारी मोटे लोगों में ज्यादा पाई जाती है। मोटापे के अलावा थायराइड हार्मोन की कमी (हाइपोथायरायडिज्म) भी इसका एक महत्त्वपूर्ण कारण है। अत्यधिक शराब, अधिक मात्रा में नींद की गोलियाँ लेना, जन्मजात जीभ तालू या गले के विकार भी कभी-कभी स्लीप एपनिया का कारण बन जाते हैं।

हाल ही में हुये अनेक शोधों से पता चला है कि खर्राटे लेने वाले लोगों में ब्लड प्रेशर, हार्ट अटैक, पक्षाघात (पेरालिटिक स्ट्रोक) और अनियंत्रित डायबिटीज़ होने का ख़तरा बहुत बढ़ जाता है और साथ ही ऐसे लोगों की दुर्घटनाग्रस्त होने की संभावना बहुत बढ़ जाती है। **आइये देखें यह सब क्यों और कैसे होता है।**

नींद के दौरान शरीर की माँसपेशियाँ शिथिल पड़ जाती हैं। ऐसी अवस्था में, नाक और मुँह के पीछे के उस हिस्से में जहाँ से हवा नाक से आकर श्वास नली में जाती है, में रुकावट पैदा हो सकती है। यह आमतौर पर मोटे लोगों में जीभ और गले के तंतु मोटे होने की वजह से अधिक होती है। नींद के दौरान बार–बार ऐसी स्थिति बन जाती है कि श्वास नली जीभ द्वारा पूरी तरह बंद हो जाती है। यह अवरोध लगभग एक मिनट तक बना रहता है। श्वास बंद होने के कारण खून में ऑक्सीजन की कमी होने लगती है, जिसके कारण पैदा होने वाले तनाव से एड्रीनालिन एवं कार्टीसाल जैसे हार्मोन बढ़ने लगते हैं, जो मरीज में हाई ब्लड प्रेशर, हार्ट अटैक एवं बढ़ी हुई ब्लड शुगर के लिये जिम्मेदार हैं। लगभग एक मिनट तक सांस बंद रहने पर मरीज की नींद खुल जाती है और वह अपने जीभ और गले की अवस्था को ठीक करके फिर से सांस लेने लगते हैं। रातभर में अनेक बार यह पूरी प्रक्रिया दोहराई जाती है। जिसकी वजह से व्यक्ति की नींद पूरी नहीं हो पाती। सोकर उठने पर व्यक्ति को थकान बनी रहती है और सुबह–सुबह सिर दर्द भी हो सकता है। नींद पूरी करने के लिये उसे दिन में नींद आती रहती है एवं उसका मिजाज चिड़चिड़ा हो जाता है। अनेक मरीज याद्दाश्त कम होने एवं दिन में पूर्ण रूप से सजग न रह पाने की शिकायत भी करते हैं। यही कारण है कि वाहन चलाते समय ऐसे लोगों के साथ दुर्घटना के शिकार होने का ख़तरा भी अधिक हो जाता है।

क्या है उपचार

वज़न घटाना, शराब, धूम्रपान व नींद की गोलियाँ लेना बंद करना जैसे सामान्य उपचार कई मरीजों में कारगर सिद्ध होते हैं। यदि मरीज की नाक बंद रहती है या (tonsils) बढ़े हुये हैं तो इनका नाक, कान, गले विशेषज्ञ द्वारा इलाज भी लाभदायक सिद्ध हो सकता है। स्लीप एपनिया के लिए अनेक प्रकार के आपरेशन भी प्रचलित हैं। अधिकांश मरीजों में CPAP नामक छोटी–सी मशीन इलाज के लिये

सर्वोत्तम तरीका मानी गई है। इस मशीन द्वारा रात को सोते समय एक मास्क से हवा प्रेशर के साथ दी जाती है जिससे नींद के दौरान श्वास नली सिकुड़कर बंद न हो। ये छोटी-सी मशीन बिजली या बैटरी से चलती है व एक प्लास्टिक ट्यूब द्वारा श्वास लेने के मास्क से जुड़ी होती है। मशीन का उपयोग चालू करने के बाद अधिकांश मरीज काफी संतुष्ट एवं स्वस्थ महसूस करते हैं। उन्हें नींद अच्छे से आने लगती है एवं वे सुबह उठने पर एवं दिनभर तरोताजा महसूस करते हैं। यह भी देखा गया है कि मरीजों का ब्लड शुगर एवं ब्लड प्रेशर नियंत्रण भी पहले की अपेक्षा सुधर जाता है। इस मशीन की कीमत 30 से 50 हजार रुपये है। अधिक महंगी होने के कारण इस मशीन का प्रचलन हमारे देश में अभी कम है।

कैसे करते हैं निदान

अधिकांश मरीजों में मरीज द्वारा बताये गये लक्षण, परिवारजनों से प्राप्त जानकारी एवं मरीज का मोटापा देखकर स्लीप एपनिया का निदान आसानी से हो जाता है। इसे सुनिश्चित करने के लिए स्लीप स्टडी (पॉलीसोमनोग्राफी) कराई जाती है। इस टेस्ट के दौरान मरीज की नींद के दौरान उसके सांस की गति, खून में ऑक्सीजन का स्तर, ह्रदय धड़कन और आँखों की हलचल का रातभर का रिकार्ड लिया जाता है। यदि टेस्ट के दौरान स्लीप एपनिया सुनिश्चित होता है तब मरीज को सीपेप (CPAP) नामक मशीन से जोड़ा जाता है। इस मशीन द्वारा एक मास्क से हवा दबाव के साथ श्वासनली में पहुंचाई जाती है जिससे बार-बार सांस रुकने की स्थिति नहीं बनती। टेस्ट के दौरान ही CPAP से कितना प्रेशर मरीज के उपचार के लिये उपयुक्त होगा, इसकी जानकारी ली जाती है।

तो इस तरह हम देखते हैं कि खर्राटे भी खतरनाक हो सकते हैं, ये न केवल आपके आसपास के लोगों के लिये एक समस्या है बल्कि आपके स्वास्थ्य के लिये भी हानिकारक बन सकते हैं। यदि आप इस समस्या से ग्रसित हैं, तो अपने डॉक्टर से इस बारे में अवश्य बात करें।

अल्कोहल एवं डायबिटीज़

अल्कोहल का इस्तेमाल आज के समाज का एक अंग बन चुका है। यद्यपि मधुमेह के रोगी को शराब या अल्कोहल का इस्तेमाल न करने की सलाह दी जाती है फिर भी कभी-कभी ऐसे अवसर आते हैं जब वो अल्कोहल लेना चाहता है।

इस प्रकार के कभी-कभी अल्कोहल लेने से स्वास्थ्य पर क्या असर पड़ता है इसकी जानकारी अवश्य होनी चाहिये।

जैसा कि सर्वविदित है एक ग्राम अल्कोहल सात कैलोरीज प्रदान करता है। इस प्रकार 30 मि.ली. या एक पेग व्हिस्की से तकरीबन 66-70 कैलोरीज मिलती है। विडंबना यह है कि इस 66-70 कैलोरीज़ की Nutrition Value नहीं है। क्योंकि इससे कार्बोहाइड्रेट, चर्बी या प्रोटीन और Vitamins की उपलब्धि नहीं होती है।

अल्कोहल का असर

1. कई बार यह शरीर में शक्कर की मात्रा कम कर देता है अतः अगर रोगी मधुमेह के उपचार के लिए गोलियों का सेवन करता है तो यह उनमें हायपोग्लाइसीमिया या रक्त में शक्कर की मात्रा कम होने की सम्भावना है। इस प्रकार से जान को भी ख़तरा पैदा हो सकता है।
2. अल्कोहल से भोजन का संतुलन गड़बड़ा जाता है (Total Number of Calories are disturbed)।
3. जो लोग डायबिटीज़ (Diabetes) की दवाइयों का इस्तेमाल करते हैं अगर वो अल्कोहल भी लेते हैं तो यह एक खतरनाक

तरह का रिएक्शन करता है जैसे चेहरा तमतमाना, लाल हो जाना, गले में घुटन, सिरदर्द, उल्टी या दिल का मचलना आदि एवं शरीर में खुजली भी होने लगती है।

4. जो लोग मेटफारमिन (ग्लाइसीफेज) की गोली खाते हैं अगर वो अल्कोहल का भी प्रयोग करते हैं तो कई बार खून में लेक्टेट (एक एसिड जिसे लेक्टिक एसिड भी कहते हैं) की मात्रा बढ़ जाती है। व्यक्ति कोमा या बेहोशी की हालत में चला जाता है। यह जानलेवा परिस्थिति होती है। अतः इन औषधियों के साथ अल्कोहल का प्रयोग नहीं करना चाहिए।

अन्त में अगर अल्कोहल से शरीर में कोई फायदा नहीं होता तो बेहतर यह होगा कि उससे दूर ही रहा जाए।

अगर आप अल्कोहल लेना ही चाहते हैं तो

- अल्कोहल की मात्रा को नियंत्रण में रखें। एक पेग या 30 मि.ली. से अधिक न लें।
- खाली पेट अल्कोहल का सेवन न करें।
- अल्कोहल में पानी मिलाकर डायल्यूट (Dilute) कर लें जिससे असर कम हो एवं खत्म करने में अधिक समय लें।
- अल्कोहल के साथ Diabetes गोलियां न खाएं।

मोटापा एवं डायबिटीज़

मोटापा या अधिक वजन सभी बीमारियों की जड़ है। दैनिक जीवन में मेहनत की कमी, तनावग्रस्त रहना, फास्टफूड या अधिक नान-वेजिटेरियन आहार तथा जरूरत से ज्यादा मात्रा में खाना, लंबे समय तक टी.वी. या कंप्यूटर के सामने बैठे रहना आदि, के अतिरिक्त वंशानुगत कारणों से भी मोटापा होता है।

मोटापे का आप कैसे पता लगा सकते हैं?

व्यक्ति के वजन को किलोग्राम तथा उसके कद को मीटर में माप लेते हैं और वजन को लम्बाई के स्कवायर (वर्ग) से विभाजित करने पर जो संख्या आती है उसे **बी.एम.आई. (B.M.I.)** कहते हैं। यह बी.एम.आई. या बॉडी मास इन्डेक्स यह दर्शाता है कि इस व्यक्ति का इस लंबाई के साथ कितना आइडियल वजन होना चाहिये।

सामान्य स्थिति में बी.एम.आई. 18-24.5 होना चाहिये। यदि बी.एम.आई. 25 और 30 के बीच है तो इसे ओवरवेट (overweight) कहते हैं यदि बी.एम.आई. 30 से ज्यादा है तो इसे मोटापा कहते हैं। ज्यों-ज्यों बॉडी मास इन्डेक्स बढ़ता जाता है मोटापे से जुड़ी बीमारियों की संभावना भी बढ़ जाती है। इनमें मुख्य है उच्च रक्तचाप, डायबिटीज़, खून में कोलेस्ट्रॉल की अधिक मात्रा, जोड़ों में दर्द होना, सांस लेने में तकलीफ आदि।

मोटापे के कारण

1. **जेनेटिक्स एवं मोटापा जीन्स**– कुछ विशेष जीन्स जो भूख को नियमित करते हैं वो भूख एवं तृप्ति को भी संचालित करते हैं।

फीडिंग सेंटर प्रेरित होने से भूख लगती है तथा सेटाइटी (satiety) तृप्ति, सेन्टर पेट भर जाने का संकेत देते हैं। जब किसी कारणवश यह सेन्टर काम नहीं करते तो अधिक भूख लगने लगती है तथा तृप्ति न होने पर थोड़े-थोड़े समय पर कुछ न कुछ खाते रहने को मन करता रहता है। आवश्यकता से अधिक खाते रहने पर मोटे हो जाते हैं एवं मोटापे के शिकार हो जाते हैं। इस तरह के मोटापे को **जेनेटिक मोटापा** कहते हैं।

2. **जीवनशैली के कारण मोटापा**—आज का रहन-सहन, आराम-परस्त जीवन एवं उच्च कैलोरी के फास्ट फूड का सेवन दूसरा मोटापे का कारण है। पिज्जा, बर्गर, कोल्ड ड्रिंक्स इत्यादि में केलोरीज की मात्रा अधिक होती है। नित्य एवं अधिक मात्रा में सेवन करना तथा व्यायाम की कमी मोटापे को जन्म देती है। पैदल न चलना, व्यायाम न करना इस तरह की जीवनशैली से केलोरीज खर्च होने के बजाय, वह चर्बी के रूप में जमा हो जाती है।

हारमोनल कारण—थायराइड एवं पालिसिस्टिक ओवरियन सिंड्रोम (PCOS) के कारण भी मोटापा होता है।

थायराइड हारमोन की कमी जिसे **हायपोथायराइड** (hypothyroid) कहते हैं, में वजन बढ़ने लगता है, परन्तु पता लगने पर एवं उपचार के साथ इस स्थिति से बचा जा सकता है।

इलाज

मोटापे से बचने का एक मात्र उपचार जीवनशैली में परिवर्तन है। नियमित व्यायाम एवं आहार पर नियंत्रण रखकर मोटापे से बचा जा सकता है।

अगर इसके बावजूद भी मोटापे से राहत नहीं मिलती तो डॉक्टर की सलाह पर मोटापा घटाने की दवाइयों का सेवन कर सकते हैं। इन दवाइयों के अपने साइड इफेक्ट्स होते हैं अतः डॉक्टर के परामर्श के बिना इनका सेवन करना हानिकारक होता है।

मोटापे के लिए मोटापे घटाने के सेन्टर्स के नतीजे अधिक उत्साहजनक नहीं होते। पैसा तो खर्च होता ही है इसके साथ कुछ समय बाद पुनः वही पुरानी स्थिति हो जाती है।

मधुमेह एवं यात्रा

ऐसा नहीं है कि मधुमेह के रोगी छुट्टियों में सैर-सपाटे के लिए नहीं जा सकते। अगर कुछ सावधानियां ध्यान में रखी जाएं तो आप भी बाकी लोगों की तरह छुट्टियों का आनन्द ले सकते हैं।

क्या-क्या करें या न करें

हमेशा अपने साथ दवाइयाँ एवं अगर इन्सुलिन का टीका लगाते हैं तो इसकी पर्याप्त मात्रा होनी चाहिए क्योंकि किसी कारण आपकी यात्रा की अवधि बढ़ जाती है तो ऐसा न हो कि आपकी दवाएं समाप्त हो जाएं और नई जगह वो दवाई न मिले। गोलियां, इन्सुलिन, सूइयां एवं सिरिन्जेज (injection syringes) की पर्याप्त मात्रा साथ में ले जाएं।

खाने के लिए कुछ बिस्कुट या फल साथ में जरूर रखें क्योंकि अगर कभी रक्त में शक्कर की मात्रा में कमी हो जाए तो उसका तुरन्त उपचार किया जा सकता है।

- अपने डॉक्टर का लिखा हुआ दवाइयों का कागज साथ में रखें।
- कुछ दवाइयां जो उल्टी एवं दस्तों को रोक सकें साथ में रखें।
- शक्कर या ग्लूकोज साथ रखें।
- कभी भी दवाइयों का सेवन यात्रा के दौरान बन्द न करें।
- अगर एक लम्बी अवधि के लिए यात्रा पर हैं तो अपनी खून की जांच अवश्य कराएं, हो सकता है खाने में बदलाव एवं यात्रा के कारण रक्त में शक्कर की मात्रा बढ़ गई हो।

- इन्सुलिन को छाया वाली जगह पर रखें। बहुत अधिक गर्मी एवं सर्दी से इसको बचाकर रखना चाहिए।
- जो लोग इन्सुलिन का टीका लगाते हैं उन्हें इन्सुलिन पेन्स का उपयोग करना चाहिए जो कि जेब में रखा जा सकता है।
- यात्रा के समय खाने के लिए कुछ स्वल्पाहार साथ में रखने चाहिए एवं 2 या 3 घण्टे के बाद कुछ न कुछ खाते रहना चाहिए।

जब भी आप कहीं घूमने जाते हैं तो इस बात का ध्यान रखें कि आपके साथ इन्सुलिन या गोलियों की पर्याप्त मात्रा हो एवं इसकी कमी न पड़े। इन्सुलिन की सिरिंज एवं इन्सुलिन टीके की पर्याप्त मात्रा हो क्योंकि नई जगह पर हो सकता है कि वो इन्सुलिन या गोलियां जो आप इस्तेमाल करते हैं वहां न मिले। अपने साथ स्वल्पाहार के लिए कुछ रखें जैसे फल, बिस्कुट व भुने हुए चने। अपनी जेब में मधुमेह पहचान पत्र अवश्य रखें।

सर्दियों में डायबिटीज़ मरीजों के लिए सावधानियाँ

ठंडे मौसम में डायबिटीज़ के मरीजो को बहुत सारी समस्याओं व दिक्कतों का सामना करना पड़ता है। ठंड से लड़ने के लिये शरीर में कोर्टिसॉल हार्मोन्स (Cortisol) की मात्रा बढ़ जाती है जिससे शुगर की मात्रा (Level) बढ़ने लगता है। प्रतिक्रिया में, आपके शरीर में ऊर्जा को बढ़ावा देने के लिए कोर्टिसोल जैसे तनाव हार्मोन की मात्रा बढ़ जाती है। ये हार्मोन इन्सुलिन उत्पादन को कम करते हैं। क्योंकि इन्सुलिन शरीर की कोशिकाओं को रक्त से ग्लूकोज (रक्त शर्करा) को अवशोषित करने में मदद करता है, कम इन्सुलिन होने का मतलब है कि रक्त में अधिक ग्लूकोज रहता है। तनाव हार्मोन आपके लीवर को अधिक ग्लूकोज बनाने के लिए भी उत्तेजित करते हैं। परिणामस्वरूप, आपका ब्लड शुगर बढ़ जाता है।

वायरल फीवर जैसे फ्लू एवं इन्फ्लुएंजा (फ्लू) की आशंका बढ़ जाती है। फ्लू होने पर भी आपके शरीर मे तनाव हार्मोन बढ़ जाते हैं।

वर्कआउट छोड़ना

जब सर्दी का मौसम आता है, तो लोग अपनी नियमित शारीरिक दिनचर्या, जैसे योग, व्यायाम और सुबह और शाम की सैर को छोड़ देते हैं, जो ब्लड शुगर के स्तर को बढ़ा देते हैं।

अधिक चीनी का सेवन

ठंडे मौसम के साथ, लोग अधिक चीनी का सेवन करना चाहते हैं

और अपने आहार में गजक और मिठाइयाँ शामिल करते हैं। उच्च चीनी के सेवन के कारण, ग्लूकोज का स्तर बढ़ जाता है और मधुमेह से पीड़ित रोगियों के लिए जटिलताएँ पैदा होती हैं।

रेनॉड सिंड्रोम के लक्षण

हाथों और पाँवों की उंगलियों की छोटी धमनियों का सिकुड़ना तेजी से शुरू होता है, जो अधिकतर ठंड के संपर्क में आने से ट्रिगर होता है। ऐसा कई मिनटों या घंटों तक बना रह सकता है। हाथों और पाँवों की उंगलियां कहीं–कहीं पर फीकी (फीकापन) या नीली (सायनोसिस) पड़ जाती है। यह प्रॉब्लम डायबिटीज़ के मरीजों में कॉमन है लेकिन कुछ Non-diabetes लोगों में भी ये होती है।

इन्सुलिन को सही तरीक़े से नहीं रखना

अत्यधिक ठंड की स्थिति भी इन्सुलिन को प्रभावित कर सकती है। इसलिए, यह उल्लेखनीय है कि आप को अपनी मधुमेह की दवाओं, और इन्सुलिन को सही तापमान पर रखना चाहिए।

मधुमेह मापने वाले उपकरणों की गलत रीडिंग

तापमान में गिरावट मधुमेह मापने वाले उपकरणों को भी प्रभावित कर सकती है, जिससे गलत रीडिंग आ सकती है।

अत्यधिक ठंड के मौसम में रक्त में ऑक्सीजन का स्तर कम होने और रक्त प्रवाह कम होने की संभावना के कारण परीक्षण के लिए मधुमेह strip रूप से काम नहीं कर सकती है। ब्लड शुगर के स्तर की सटीक रीडिंग प्राप्त करने के लिए, शरीर का तापमान स्थिर होना चाहिए। ठंड के मौसम में ब्लड शुगर के स्तर को रिकॉर्ड करते समय, परीक्षण या जाँच से पहले हमेशा अपने हाथ गर्म करें।

रोकथाम

1. हाइड्रेटेड रहना

ठंड में लोग पानी कम पीते हैं जो अक्सर डीहाइड्रेशन का कारण बनता है। पर्याप्त मात्रा में पानी का सेवन करें। प्रतिदिन 7–8 गिलास (आप गुनगुना पानी पी सकते हैं) पिया करें। अधिक चाय–कॉफी पीने से बचें। हर्बल चाय और काढ़ा शरीर की इलेक्ट्रोलाइट की आवश्यकताओं को स्थिर कर सकते हैं।

2. अपनी त्वचा और पैरों की जाँच करें

सर्दियों में रूखापन आम है और इससे आपकी त्वचा नमी खो सकती है और फट सकती है, खासकर आपके पैरों में। पैरों और त्वचा के फटने से संक्रमण और घाव हो सकते हैं। अपने पैरों को कटने, घावों और सूखेपन से बचाने के लिए उचित जूते पहनें। यदि आपको कोई चोट दिखे तो तुरंत अपने डॉक्टर से संपर्क करें और आवश्यक उपचार लें।

सर्दी के मौसम में गर्म पानी की बॉटल को सीधे पैरों पर ना रखें, हीटर से पैरौ की दूरी बनाये रखें, पैरों को गर्म पानी में डालने से पहले यह देख लें कि पानी बहुत गर्म तो नहीं है क्योंकि डायबिटीज़ में संवेदना कम हो जाती है। आपके पैर जल जाएँगे और आपको पता ही नहीं लगेगा।

3. स्वस्थ भोजन चुनें

सर्दियाँ स्वादिष्ट भोजन के ढेर सारे विकल्प लेकर आती हैं। लोग अक्सर अनियंत्रित खान–पान शुरू कर देते हैं और स्वस्थ खान–पान से बचते हैं। जंक, प्रोसेस्ड और शुगर युक्त खाद्य पदार्थों से परहेज करें। हरी सब्जियाँ, फल और मेवे खायें। एक लोकप्रिय मधुमेह–अनुकूल भोजन आंवला है, जो विटामिन सी से भरपूर है और ब्लड शुगर के स्तर को नियंत्रित करने में मदद करता है।

4. रोग प्रतिरोधक क्षमता बढ़ाएँ

फ्लू, सर्दी, खांसी, जोड़ों के दर्द आदि से खुद को बचाने के लिए अपनी रोग प्रतिरोधक क्षमता बढ़ाएं। ये सामान्य स्वास्थ्य समस्याएं सर्दियों में मधुमेह की समस्याओं को जटिल बना सकती हैं। इसलिए अपने शरीर की रक्षा प्रणाली को मजबूत रखें। ताजे फल और सब्जियां खाएं और रोग प्रतिरोधक क्षमता बढ़ाने के लिए आवश्यक विटामिन लें।

5. आउटडोर और इनडोर गतिविधियाँ जोड़ें

व्यायाम करके खुद को गर्म रखें। एक सक्रिय जीवनशैली ब्लड शुगर के स्तर को प्रबंधित करने में मदद करती है। जबकि बाहरी गतिविधियाँ चुनौतीपूर्ण हो सकती हैं, आप छोटे दैनिक कार्य, योग जैसे इनडोर वर्कआउट और सरल स्ट्रेचिंग व्यायाम कर सकते हैं। रोजाना कम से कम 30–40 मिनट तक व्यायाम करने का लक्ष्य रखें।

6. विटामिन डी लें

सर्दियों में सूरज की रोशनी का संपर्क कम हो जाता है, जो आपके Vitamin D के स्तर को प्रभावित कर सकता है। कुछ बाहरी गतिविधियों की योजना बनाकर सूरज की रोशनी में कुछ समय बिताने का प्रयास करें। आप अपने स्वास्थ्य को बेहतर बनाने के लिए कुछ विटामिन डी की खुराक भी ले सकते हैं।

7. नियमित स्वास्थ्य जांच

नियमित शुगर की जाँच अवश्य करें।

सर्दी के मौसम में अपना स्वास्थ्य परीक्षण कराएं। ब्लड प्रेशर रिकॉर्ड करते रहें।

अक्टूबर–नवंबर का महीना साल के एक अतिरिक्त विशेष उत्सव का समय होता है जब विभिन्न भागों से भारतीय नवरात्रि, दुर्गा पूजा, दिवाली और कई अन्य त्यौहार मनाने के लिए एक साथ आते हैं।

त्यौहारों के दौरान मधुमेह प्रबंधन के लिए सुझाव मधुमेह रोगी के रूप में, आपका सबसे बड़ा विरोधी मीठा होता है। थोड़ा सा या दो निवाला बहुत ज़्यादा फर्क नहीं डाल सकता है, लेकिन त्यौहारों के दौरान इसका अनियंत्रित सेवन ग्लूकोज के स्तर को बढ़ा सकता है, जिससे आपकी स्थिति और भी खराब हो सकती है।

1. त्यौहारों के मौसम के लिए योजना बनाएँ

त्यौहार भारतीय संस्कृति का एक अभिन्न अंग हैं। आप जिस कार्यक्रम में भाग ले रहे हैं, उसके अनुसार योजना बनाएँ। यदि आप किसी पूजा कार्यक्रम में भाग ले रहे हैं जहाँ मिठाइयाँ और स्नैक्स होंगे, तो ऐसे विकल्पों को चुने जिनमें कार्ब्स और मीठा तत्व कम हो। भले ही आपको एक या दो मिठाई खानी पड़े, लेकिन दिन भर में इसे अपनी सीमा के रूप में रखें। पूरे दिन ज्यादा मीठे सामग्री वाले किसी भी अन्य व्यंजन को खाने से बचें।

2. भोजन न छोड़ें

हो सकता है कि पिछली रात बहुत सारी मिठाइयाँ, तला हुआ खाना खाने के बाद आपको दोषी महसूस हो। लेकिन, अगले दिन अपना नाश्ता न करना, पिछली रात आपने जो खाया था, उसका संतुलन नहीं बना पाएगा।

अपने महत्वपूर्ण भोजन को छोड़ने के बजाय, उन्हें स्वस्थ और पौष्टिक तत्वों के साथ संतुलित करने का प्रयास करें।

अगर आपने पिछली रात बहुत ज्यादा जंक फूड, मिठाई और तली हुई चीजें खाई हैं, तो अपने अगले दिन के भोजन को ताजी उपज, साबुत अनाज और प्रोटीन के साथ हल्का रखें। कैलोरी कम करने या कम खाने या बिल्कुल न खाने के बजाय, अपने खाने में सही संतुलन बनाने पर ध्यान दें।

त्यौहारों के दौरान सब कुछ संयम से खाना ठीक है। लेकिन, जो बात मायने रखती है वह यह है कि आप चिकित्सा संबंधी चीजों

पर ध्यान दें। त्यौहारों के मौसम में भी अपने ब्लड शुगर के स्तर की जाँच करवाएँ।

3. भाग के आकार पर ध्यान दें

आपको सही मात्रा में सही भोजन खाने पर ध्यान देने की जरूरत है।

अपनी प्लेट में सभी महत्वपूर्ण मैक्रोन्यूट्रिएंट्स का संतुलन बनाए रखना जरूरी है। सरल और जटिल कार्बोहाइड्रेट (complex carbohydrates), प्रोटीन, स्वस्थ वसा, फाइबर इत्यादि की स्वस्थ मात्रा शामिल करें।

अपने द्वारा खाए जा रहे भोजन की मात्रा पर नजर रखें। यहाँ तक कि अत्यधिक मात्रा में मिठाई के "स्वस्थ" संस्करण भी आपके ब्लड शुगर के स्तर बढने का कारण बन सकते हैं।

4. कार्बोहाइड्रेट का ध्यान रखें

अपने भोजन से कार्बोहाइड्रेट को पूरी तरह से हटा देना आपके लिए अच्छा नहीं होगा।

जब आप त्योहारों के दौरान किसी कार्यक्रम में भाग ले रहे हों, तो कार्बोहाइड्रेट के मिश्रण पर ध्यान दें और केवल सरल कार्बोहाइड्रेट पर निर्भर न रहें। आपको उन कार्बोहाइड्रेट को शामिल करना चाहिए, जिनका ग्लाइसेमिक इंडेक्स कम हो और जटिल कार्बोहाइड्रेट हों जो आपको लंबे समय तक तृप्त रखते हैं।

त्यौहारों में प्रोसेस्ड कार्बोहाइड्रेट की भरमार होती है, जिसमें ग्लाइसेमिक लोड अधिक होता है। कम ग्लाइसेमिक लोड वाला भोजन लें जो ब्लड शुगर के स्तर में बढने का कारण नहीं बनेंगे।

5. दवाइयों को कभी न छोड़ें

चाहे आपको टाइप-1 डायबिटीज़ हो या टाइप-2 डायबीटीज़, डॉक्टर द्वारा बताई गई दवा या इन्सुलिन थेरेपी लेना जरूरी है। दवा आपकी

स्थिति को स्थिर करती है और आपको त्यौहारों के मौसम में भोजन का आनंद लेने में सक्षम बनाती है।

अगर आप अपनी दवाइयों को लेना भूल जाते हैं, तो आप अपने स्वास्थ्य को बहुत ज़्यादा जोखिम में डाल रहे हैं। अपनी दवाइयों के साथ-साथ, नियमित रूप से ब्लड शुगर की जाँच करवाएँ ताकि ग्लूकोज के स्तर पर नजर रखी जा सके।

6. व्यायाम न छोड़ें

अगर आप हर दिन व्यायाम करते हैं, तो इस आदत को बनाए रखें।

भले ही आपको जिम जाने का समय न मिल पाए, लेकिन इसके बजाय टहलने जाएँ। आपको सक्रिय रखने और रक्तप्रवाह में इन्सुलिन के प्रति शरीर की संवेदनशीलता को बढ़ाने के लिए इतना पर्याप्त है।

7. भूख लगने पर मिठाई खाने से बचें

खाली पेट मीठा खाने से शरीर में तृप्ति (satiety) को नियंत्रित करने वाले हॉरमोन गड़बड़ा जाते हैं। इसलिए, आप ज़्यादा खाने के लिए ज़्यादा भोजन लेते हैं, जो आपके ब्लड शुगर के स्तर के लिए बुरा हो सकता है। इसलिए, स्वस्थ खाना अपने पास रखें, खासकर जब आपको भूख लगे और आप कुछ स्वस्थ और पेट भरने वाला नाश्ता करना चाहें।

अपने भोजन को दिन भर में 3 बार बड़े भोजन के बजाय, हर दिन लगभग 4 से 5 बार छोटे-छोटे हिस्सों में बाँटें। इससे आपका ब्लड शुगर का स्तर अधिक स्थिर रहेगा, आपको पर्याप्त पोषण मिलेगा।

8. स्वस्थ नाश्ते के विकल्प चुनें

नट्स या फल का एक टुकड़ा जैसे विकल्प चुनें। आप पारंपरिक मिठाइयों की जगह ऐसे स्वस्थ विकल्प चुन सकते हैं, ताकि यह सुनिश्चित हो सके कि उत्सवों में सेहत से समझौता न हो।

आपको कोशिश करनी चाहिए कि मीठा खाने से बचें और उनकी जगह पानी, चीनी रहित नींबू का रस या यहाँ तक कि एक छोटा गिलास नारियल पानी भी लें। बिस्कुट और केक से पूरी तरह बचना चाहिए। त्यौहारों के मौसम में शराब के सेवन से बचना चाहिए। शराब में भी बड़ी मात्रा में चीनी होती है और यह ब्लड शुगर के स्तर को बढ़ा सकती है।

मधुमेह के रोगियों को कब अस्पताल में भर्ती होना चाहिये

निम्नलिखित परिस्थितियों में अस्पताल में भर्ती होना पड़ सकता है–

- जब मधुमेह की जटिलताएं प्राणघातक स्थिति वाली हों जैसे– डायबिटिक कोमा।
- बच्चों में जब मधुमेह का पहली बार पता लगा हो।
- जब मधुमेह का नियंत्रण न हो पा रहा हो।
- गर्भावस्था में मधुमेह के होने पर जब उन्हें इन्सुलिन का टीका लगाना पड़ता हो।
- इन्सुलिन पम्प शुरू करने के समय में।

मधुमेह के क्षेत्र में नये आविष्कार

मधुमेह के उपचार हेतु जिन क्षेत्रों में प्रगति हुई है, वे हैं–

इन्सुलिन पम्प–इसे शरीर के अन्दर एक ऑपरेशन द्वारा लगाते हैं जो कि बैटरी द्वारा चलता रहता है इससे निरन्तर शरीर में इन्सुलिन पम्प होती रहती है एवं मधुमेह नियंत्रण में रहता है। इसकी शुरू की कीमत एवं रखरखाव में खर्चे काफी अधिक हैं।

प्रत्यारोपण पेन्क्रियाज एवं पेन्क्रियाज की बीटा कोशिकाएं–इस क्षेत्र में काफी प्रगति हुई है। विश्व में सबसे अधिक पेन्क्रियाज प्रत्यारोपण अमेरिका में हुए हैं एवं अगर इसके साथ गुर्दे के भी प्रत्यारोपण कराए जाएं तो बहुत अच्छे परिणाम आते हैं। रोगी को इन्सुलिन के टीके से निजात मिल जाती है।

पेन्क्रियाज को बीटा कोशिकाओं का मधुमेह के रोगी में प्रत्यारोपण भी काफी सफल है। परन्तु इसे पूर्णरूप से विकसित होने में कुछ और समय लग सकता है।

ग्लूकोज सेन्सर–हर रोज सूई लगाकर खून जांच की समस्या से कौन नहीं बचना चाहेगा। इसी दिशा में ये ऐसा यंत्र बन गया है जिसे कलाई पर घड़ी की तरह बांध लेने से उसमें ब्लड शुगर की मात्रा का पता लगता है। अगले वर्ष तक यह सब जगह उपलब्ध हो सकेगा।

बेरिएट्रिक सर्जरी

डायबिटीज़ एवं मोटापे के लिये गैस्ट्रिक बाई पास सर्जरी

डायबिटीज़ के 95% मरीज़ टाइप-2 के होते हैं। यह जीवनशैली से जुड़ी बीमारी है और इसके साथ मोटापा, हाई ब्लड प्रेशर एवं बैड कोलेस्ट्रोल की मात्रा भी अधिक होती है। मोटापे के कारण इन्सुलिन की कार्यक्षमता कम हो जाती है या मात्रा भी कम हो जाती है। इस सर्जरी में टांकों के जरिए पेट के ऊपरी हिस्से में एक पाउच बनाया जाता है और इसे सीधे छोटी आँत से जोड़ दिया जाता है।

इस प्रोसीजर का इस्तेमाल मोटापा कम करने के लिये किया जाता है। वजन कम होने के साथ ब्लड शुगर की दवाइयों की जरूरत भी कम हो जाती है। जिन मरीजों में छोटी आँत के हिस्से में बदलाव किया जता है, उन डायबिटीज़ के मरीजों में इन्सुलिन इंजेक्शन की जरूरत कम हो जाती है एवं कई मरीजों का इन्सुलिन इंजेक्शन बन्द भी हो गया, जो पिछले कई वर्षों से इन्सुलिन पर थे।

सर्जरी के बाद एक वर्ष तक बी-कम्पलेक्स ग्रुप की दवाइयाँ लेनी पड़ती हैं एवं समय-समय पर न्यूट्रीशनल स्टेट्स की जाँच जरूरी होती है।

किसके लिए है यह सर्जरी

टाइप-2 डायबिटीज़ के मरीज, जिनका बीएमआई 35 से ऊपर हो।

कैसे होती है यह सर्जरी

जनरल एनेस्थीसिया देकर की जाने वाली यह सर्जरी दो चरणों में की जाती है।

पहला चरण

स्लीव गैस्ट्रेक्टमी–इसमें पेट के एक हिस्से को स्टेपल कर उसे रिमूव कर दिया जाता है। इसमें एक घण्टे का समय लगता है।

दूसरा चरण

इलियल ट्रांसपोजीशन–इसमें छोटी आंत के निचले हिस्से को दो हिस्सों में बांट दिया जाता है। इसमें आंत के किसी भी हिस्से को बाईपास या रिमूव नहीं किया जाता है।

ऑपरेशन के बाद की स्थिति

- एक से दो दिन मरीज को इंटेंसिव केयर में रखा जाता है।
- ज्यादातर मरीजों को सर्जरी के 24 घण्टे के अंदर लिक्विड देना शुरू कर दिया जाता है।
- मरीजों को सर्जरी के 12 घण्टे बाद टहलना शुरू करने की सलाह दी जाती है।
- अस्पताल से छुट्टी मिलने के दो हफ्ते बाद नॉर्मल काम करने की सलाह दी जाती है।

डाइट और फिजिकल एक्टिविटी जरूरी

- इसमें सर्जरी के बाद दो हफ्ते तक लिक्विड डाइट, उसके बाद चार हफ्ते तक सॉफ्ट डाइट और उसके बाद नॉर्मल डाइट लेनी होती है।
- शरीर के मेटाबोलिक सिस्टम को सही रखने के लिए कुछ फिजिकल एक्सरसाइज भी बताई जाती हैं।

इन बातों का ध्यान रखना जरूरी

सैर (Long walk)–हॉस्पिटल से आने के 10 दिन बाद
स्विमिंग जैसी एरोबिक एक्टिविटी–20 दिन बाद
वेट ट्रेनिंग आदि–30 दिन बाद
एब्डॉमिनल एक्सरसाइज–तीन महीने बाद।

नवीनतम दवाईयाँ

मधुमेह को नियन्त्रण करने के लिए दवाईयाँ देने का मुख्य दृष्टिकोण शुगर को नियन्त्रण करने का रहता है। हर रोगी की दवाईयाँ उसकी बीमारी की अवधि, शुगर लेवल (Sugar levels) एवं HbA1c को देखकर तय की जाती है। रोगी को मधुमेह के साथ-साथ अगर हृदय रोग, रक्तचाप, रक्त में चर्बी की मात्रा एवं शरीर की बनावट पर भी दवा का चयन निर्भर रहता है। अगर रोगी को मोटापा भी है एवं चलने से साँस फूलती है या पैर पर सूजन है तब अलग ग्रुप की दवाईयाँ दी जाती हैं। शुगर के लेवल को नियन्त्रण में रखने के साथ-साथ ब्लड प्रेशर, वजन, लो ब्लड शुगर का ख़तरा कम करने या गुर्दे की खराबी से बचाने का भी ध्यान रखा जाता है। हर मधुमेह के रोगी के लिए एक ही तरह की दवा लिखना सम्भव नहीं है। रोगी की क्वालिटी ऑफ़ लाइफ में सुधार लाना भी एक मुख्य लक्ष्य है।

मेटफोर्मिन एक प्रथम पंक्ति चिकित्सा है क्योंकि इससे HbAlc, वजन और हृदय-सम्बन्धी एवं मृत्यु दर पर लाभकारी प्रभाव पड़ता है। हलांकि T2DM वाले व्यक्ति जिनमें या तो ASCVD (हृदय रोग होने की सम्भावना) स्थापित हो चुकी है या जिन्हें ASCVD, हृदय गति का अनियमित होना या गम्भीर किडनी रोग होने का ख़तरा ज्यादा है उन्हें SGLT2 या GLP-1 RA जैसी दवा लेने की सलाह दी जाती है जो हृदय और किडनी के परिणामो में सुधार करने में सहायक सिद्ध हुई है।

मोटापा और शरीर का अधिक वजन, T2DM होने का ख़तरा बढ़ा देते हैं यह पाया गया है कि वजन कम करने से रक्त में शुगर का बेहतर नियन्त्रण रहता है और मधुमेह की जटिलताओं का ख़तरा

कम होता है। 15 प्रतिशत या उससे अधिक वजन कम करने पर ना केवल मधुमेह का नियन्त्रण किया जा सकता है बल्कि मधुमेह की जटिलताओं को होने से रोका भी जा सकता है। वजन कम करने से मधुमेह को रोकने के साथ-साथ रिवर्स होने की सम्भावना भी बढ़ जाती है। मधुमेह पर नियन्त्रण किया जा सकता है। मोटापे से सम्बन्धित T2DM के उपचार में मोटापा प्रबन्धन एक प्रमुख आधार है।

SGLT2 inhibitors अवरोधक ग्रुप की दवाएँ शुगर को पेशाब के रास्ते से निकालने में सहायक होती है जिससे रक्त में ब्लड शुगर कम हो जाता है। शुगर के साथ सोडियम भी पेशाब के रास्ते निकल जाता है और जिससे शुगर के साथ-साथ ब्लड प्रेशर भी नियन्त्रण में रहता है। इन दवाओं में HbA1c की मात्रा 0.7-1 प्रतिशत तक कम हो जाती है। इन्हें सभी गुणों के कारण ये दवाईयाँ गुर्दे एवं हृदय को सुरक्षित रखती है। ये हृदय एवं गुर्दे की रक्षा करने वाली तथा मधुमेह को नियन्त्रण में करने वली दावा है। जब glucose पेशाब के रास्ते से बाहर निकलता है तो नियमित अंगों (private parts) की सफाई भी जरूरी है नहीं तो फंगल इन्फेक्शन होने से पेशाब के रास्ते में रुकावट हो सकती है।

GLP1RA Group of Drugs

इस ग्रुप की दवाईयाँ आँतों के अन्दर एक GLP1 हार्मोन जो खाने के बाद इन्सुलिन हार्मोन को रिलीज करता है या इन्सुलिन क लिए stimulate करता है एवं एक दूसरे प्रकार के हार्मोन ग्लूकागॉन (Glucagon) के स्राव को रोकता है, इन्सुलिन ब्लड शुगर लेवल को कण्ट्रोल करता है वही ग्लूकागॉन (Glucagon) ब्लड शुगर को बढ़ाता है। इस ग्रुप की दवा HbA1c को 1 प्रतिशत से 1.8 प्रतिशत कम करती है।

इन दवाओं से वजन, ब्लड प्रेशर काफी कम होता है, एवं दिल की धड़कनों की दर को भी नियन्त्रित रहती है। इन दवाओं से एलडीएल

कोलेस्ट्रॉल एवं ट्राइग्लिसराइड्स की मात्रा में भी कमी होती है। इन सभी गुणों के कारण यह हृदय रोगों से बचाव करती है। इस ग्रुप की दवाओं से मधुमेह का गुर्दे पर असर होने से पेशाब में माइक्रोएल्ब्यूमिन (microalbumin) को रोकता है एवं गुर्दे की खराबी को आगे बढ़ने नहीं देते। इस प्रकार की दवाईयाँ हृदय रोग, गुर्दे की खराबी एवं वजन कम करने के साथ-साथ मधुमेह को नियन्त्रण में रखती है।

नवीनतम दवाईयाँ

कुछ नए प्रकार की दवाईयाँ भी अब उपलब्ध हैं जिनसे शुगर कण्ट्रोल के साथ-साथ वजन भी कम होता है इन्हें डुअल जीएलपी एगोनिस्ट कहते हैं। इन दवाओं से 5 से 12 किलोग्राम वजन कम किया जा सकता है। मोटे व्यक्तियों को जिन्हें मधुमेह नहीं होता उनमें भी 15 से 20 किलो वजन कम हो सकता है। यह दवा न केवल ट्राइग्लिसराइड और खराब एलडीएल कोलेस्ट्रॉल को कम कर सकती है बल्कि अच्छे एचडीएल कोलेस्ट्रॉल के स्तर को भी बढ़ाती है। यह केवल इंजेक्शन के रूप में उपलब्ध है, परन्तु दवा बन्द करने पर फिर वजन बढ़ सकता है, इसलिए नियमित व्यायाम, एवं आहार नियन्त्रण अनिवार्य है।

अन्य साल्ट सेमाग्लूटाइड ओरल टैबलेट (RYBELSUS) या इंजेक्शन (OZEMPIC) दोनों में उपलब्ध है। यह वजन कम करने के लिए एवं ब्लड शुगर को नियन्त्रित करने में मदद करता है।

साइड इफेक्ट्स में गैस्ट्रिटिस एवं कई रोगियों में पेनक्रियाज और थायरॉइड कैंसर की सम्भावना बढ़ाते हैं।

सप्ताह में एक बार बेसल इन्सुलिन के इंजेक्शन

सप्ताह में एक बार बेसल इन्सुलिन के इंजेक्शन द्वारा भी शुगर नियन्त्रण करने के प्रयास सफल हो रहे हैं।

इन्हेल्ड इन्सुलिन

हाल ही में एक ऐसा भी इन्सुलिन उपलब्ध हो रहा है जिसे नाक के रास्ते से साँस द्वारा लिया सकता है। यह उन लोगों में अधिक सहायक होगा जो दिन में कई बार इन्सुलिन लगाते हैं लेकिन दोपहर का इन्सुलिन लगाना संभव नहीं होता।

इन्सुलिन थेरेपी (Insulin Therapy)

इन्सुलिन और अन्य दवाएँ

इन्सुलिन एक हार्मोन है, जो आपके शरीर की कोशिकाओं में ब्लड शुगर को ऊर्जा में बदलने में मदद करता है। इन्सुलिन हमारे शरीर में पैनक्रियास द्वारा बनता है।

टाइप 1 डायबिटीज़ वाले लोगों को हमेशा (जीवन भर) इन्सुलिन की जरूरत होती है।

इन्सुलिन के कई प्रकार होते हैं–

1. रैपिड-एक्टिंग इन्सुलिन (तेज असर करने वाला)

- यह इन्सुलिन 15 मिनट में काम शुरू कर देता है।
- इसका असर लगभग 1 घण्टे में सबसे ज्यादा होता है।
- यह 2 से 4 घण्टे तक काम करता है।
- इसके उदाहरण– Apidra, Humalog, Novolog.

2. रेगुलर या शॉर्ट-एक्टिंग इन्सुलिन (साधारण / कम समय तक काम करने वाला)

यह 30 मिनट में काम शुरू करता है। इसका असर 2-3 घण्टे में चरम पर होता है। यह 3 से 6 घण्टे तक असर करता है। उदाहरण– Humulin R., Novolin R.

3. इण्टरमीडिएट-एक्टिंग इन्सुलिन (मध्यम समय तक चलने वाला)

यह 2-4 घण्टे बाद असर शुरू करता है। इसका असर 4-12 घण्टे में चरम पर होता है। यह 12 से 18 घण्टे तक काम करता है।

उदाहरण– Novolin N., Humulin N.

4. लॉन्ग-एक्टिंग इन्सुलिन

लॉन्ग-एक्टिंग इन्सुलिन को असर दिखाने में कुछ घण्टे लगते हैं और इसका प्रभाव लगभग 24 घण्टे तक रहता है।

लॉन्ग-एक्टिंग इन्सुलिन के उदाहरण हैं–

- इन्सुलिन ग्लार्जिन (Lantus, Toujeo, Solostar)
- इन्सुलिन डिटेमिर (Levemir)
- इन्सुलिन डिग्लुडेक (Tresiba)

रैपिड/शॉर्ट-एक्टिंग और लॉन्ग-एक्टिंग इन्सुलिन

रैपिड (तेज़ असर वाले), शॉर्ट-एक्टिंग और लॉन्ग-एक्टिंग इन्सुलिन आमतौर पर पानी जैसे साफ़ (clear) घोल दिखाई देते हैं।

जबकि प्री–मिक्स्ड इन्सुलिन और इण्टरमीडिएट-एक्टिंग इन्सुलिन धुँधले (cloudy) घोल की तरह दिखते हैं।

इन्सुलिन कैसे दिया जाता है (Insulin Administration)

इन्सुलिन को मुँह से नहीं लिया जा सकता, क्योंकि पेट के एंजाइम इसका असर खत्म कर देते हैं। इसलिए इन्सुलिन हमेशा इंजेक्शन, इन्सुलिन pen या इन्सुलिन पम्प के जरिए दिया जाता है।

इन्सुलिन अलग-अलग प्रकार में उपलब्ध होता है। इसे पेन, सिरिंज और इन्सुलिन पम्प की मदद से दिया जा सकता है। U-100 इन्सुलिन की शीशियों को केवल U-100 सिरिंज के साथ ही इस्तेमाल करना चाहिए। इनकी पहचान– सन्तरी (ऑरेंज) ढक्कन और काली मार्किंग, जिसमें 1 निशान = 2 यूनिट होता है।

U-40 इन्सुलिन की शीशियाँ केवल U-40 सिरिंज के साथ ही इस्तेमाल करनी चाहिए। इनकी पहचान लाल ढक्कन और लाल मार्किंग, जिसमें 1 निशान = 1 यूनिट होता है।

इंजेक्शन (Injections)

आप बारीक सुई वाली सिरिंज या इन्सुलिन पेन से इन्सुलिन अपनी त्वचा के नीचे इंजेक्ट कर सकते हैं। इन्सुलिन पेन दिखने में इंक पेन जैसे होते हैं और डिस्पोज़ेबल (एक बार इस्तेमाल किए जाने वाले) या रीफिलेबल दोनों ही तरह में मिलते हैं।

अगर आप इंजेक्शन का तरीका चुनते हैं, तो आपको दिन और रात में कई बार अलग-अलग प्रकार के इन्सुलिन का मिश्रण लेना पड़ सकता है।

अधिकांश लोग लम्बे समय तक असर करने वाला इन्सुलिन (long-acting) और जल्दी असर करने वाला इन्सुलिन (rapid-acting) दोनों लेते हैं, जिससे शरीर में इन्सुलिन का स्तर करीब-करीब normal के जितना रहे।

इन्सुलिन इंजेक्शन कहाँ लगाएँ (Injection Sites)

1. पेट (Abdomen)

इन्सुलिन लगाने की सबसे आम और अच्छी जगह पेट है। नाभि (बेली बटन) से लगभग 2.5 सेमी ऊपर और नीचे, और नाभि से 5 सेमी दूर दोनों तरफ की जगह इन्सुलिन लगाने के लिए सुरक्षित मानी जाती है। इस जगह की त्वचा के नीचे (subcutaneous fat) इंजेक्शन दिया जाता है।

2. बाहें (Arms)

बाजू के ऊपरी, बाहरी और कंधे और कोहनी के बीच वाले हिस्से में इन्सुलिन लगाया जा सकता है।

3. जांघ (Thigh)

जांघ के आगे वाले हिस्से या बाहरी (outer) ऊपर के हिस्से में, जांघ के बीच वाले भाग में इंजेक्शन लगाया जा सकता है।

4. नितम्ब (Buttocks)

नितम्ब के ऊपरी बाहरी (upper outer quadrant) भाग में इंजेक्शन दिया जाता है।

यह जगह आमतौर पर बड़ों में इस्तेमाल नहीं की जाती, लेकिन बच्चों और छोटे बच्चों में उपयोग की जाती है।

इन्सुलिन लगाने के जरूरी टिप्स (Basic Tips to Administer Insulin)

1. इंजेक्शन साइट बदलना जरूरी है

हर बार इन्सुलिन देते समय जगह बदलते रहना चाहिए। एक ही जगह बार-बार इन्सुलिन लगाने से त्वचा को नुकसान हो सकता है। इंजेक्शन लगाने की जगहों को घुमाते रहने से (rotation) इन्सुलिन भी अच्छी तरह अवशोषित (absorb) होता है। एक ही जगह में भी सुई कम से कम 1 सेमी दूर लगानी चाहिए। जगह बदलते रहने से त्वचा में गाँठ (lipohypertrophy) बनने का ख़तरा कम होता है।

2. स्किनफोल्ड (त्वचा उठाने की तकनीक) सही तरह सीखना चाहिए

मरीज़ और देखभाल करने वालों को यह तकनीक सिखाई जानी चाहिए कि इंजेक्शन लगाने के लिए त्वचा को कैसे उठाना है। त्वचा को उठाते समय उसे बहुत जोर से न दबाएँ। त्वचा को अन्दर की तरफ दबाना (indent) बिल्कुल नहीं करना चाहिए, इससे सुई जरूरत से ज्यादा गहराई में चली जाती है।

सही तरीका यह है

- त्वचा को हल्के हाथों से उठाएँ (skin fold बनाएं)।
- फिर उस उठी हुई त्वचा में सुई लगाएँ।
- सुई को त्वचा में 90° के एंगल पर लगाएँ।
- इन्सुलिन लगाएँ और प्लंजर दबाने के बाद सुई को 10 सेकण्ड तक त्वचा के अन्दर ही रहने दें।
- फिर सुई को बाहर निकालें और त्वचा को छोड़ दें।

महत्त्वपूर्ण सावधानी

कभी भी लंप या उभरे हुए हिस्से (hypertrophy) में इंजेक्शन न लगाएँ। Hypertrophy तब होती है जब बार-बार एक ही जगह इन्सुलिन लगाया जाए, जिससे वहाँ फैट जमा होकर गाँठ जैसा उभार बन जाता है। यदि ऐसी सूजन हो जाए, तो उस जगह को इन्सुलिन देना बन्द करें ताकि वह धीरे-धीरे सामान्य हो सके।

दिन भर इन्सुलिन का नियन्त्रण कैसे रखा जाता है

शरीर में कम मात्रा में लगातार इन्सुलिन बनाए रखने के लिए 1 या 2 बार लम्बे असर वाला (long-acting) इन्सुलिन दिया जाता है, या इन्सुलिन पम्प के जरिए लगातार कम मात्रा में इन्सुलिन भेजा जा सकता है।

हर व्यक्ति को कितनी मात्र में इन्सुलिन चाहिए?

इन्सुलिन की सही मात्रा इस पर निर्भर करती है–

आप क्या खा रहे हैं (भोजन या नाश्ते की कार्ब मात्रा), और आपका शरीर इन्सुलिन पर कैसे प्रतिक्रिया देता है। आमतौर पर यह मात्रा डॉक्टर द्वारा बताई जाती है, और कई लोग इसे कैलकुलेटर, चार्ट या मोबाइल ऐप की मदद से निकालते हैं।

इन्सुलिन पम्प (Insulin Pump)

इन्सुलिन पम्प क्या है?

यह एक छोटा-सा उपकरण होता है, लगभग मोबाइल फोन के आकार का। इसे शरीर के बाहर पहना जाता है। एक पतली नली (tube) एक छोटे कण्टेनर (reservoir) को एक कैथेटर से जोड़ती है, जो पेट की त्वचा के नीचे लगाई जाती है।

यह पम्प कमर के पास, पॉकेट में या खास पम्प बेल्ट में पहन सकते हैं।

वायरलेस पम्प

एक और विकल्प वायरलेस पम्प का भी होता है। इसमें एक छोटा-सा पॉड होता है जिसमें इन्सुलिन होता है। इस पॉड में भी एक छोटा कैथेटर होता है जो त्वचा के नीचे लगाया जाता है। यह पॉड पेट, बाहों या पैरों पर लगाया जा सकता है। इसका नियन्त्रण एक वायरलेस डिवाइस से किया जाता है।

इन्सुलिन पम्प कैसे काम करता है?

पम्प को इस तरह प्रोग्राम किया जाता है कि यह पूरे दिन थोड़ी-थोड़ी मात्रा में इन्सुलिन अपने आप देता रहे। इसे बेसल रेट कहा जाता है, और यह लम्बे समय तक काम करने वाले इन्सुलिन की जगह लेता है।

खाने के समय क्या होता है?

जब आप खाना खाते हैं, तो पम्प में आप बताते हैं कि आपने कितने कार्बोहाइड्रेट खाए हैं और अभी आपका ब्लड शुगर कितना है। पम्प आपको बोल्स डोज़ देता है यानी अतिरिक्त इन्सुलिन, ताकि खाने के बाद ब्लड शुगर न बढ़े और अगर पहले से बढ़ा हुआ है तो वह कम हो जाए।

क्या यह इंजेक्शन से बेहतर है?

कुछ लोगों में पाया गया है कि इन्सुलिन पम्प इंजेक्शन की तुलना में ब्लड शुगर को बेहतर नियन्त्रित कर सकता है। हालांकि कई लोग इंजेक्शन से भी अच्छे रिजल्ट पा लेते हैं। अगर पम्प के साथ कण्टीन्युअस ग्लूकोज़ मॉनिटर (CGM) लगाया जाए, तो और भी बेहतर ब्लड शुगर कण्ट्रोल मिलता है।

इन्सुलिन की समाप्ति तिथि और स्टोरेज़

इन्सुलिन की बोतल पर कम्पनी द्वारा एक एक्सपायरी डेट लिखी होती है। इस तारीख से पहले इन्सुलिन का उपयोग करना चाहिए।

अनखुला इन्सुलिन फ्रिज़ में रखना चाहिए?

खुला हुआ इन्सुलिन फ्रिज़ में रखना जरूरी नहीं है, इसे कमरे के तापमान पर रखा जा सकता है– लेकिन बहुत गर्म (30°C से ऊपर) या बहुत ठण्डे (2°C से नीचे) स्थान पर नहीं रखना चाहिए।

खुला हुआ इन्सुलिन

अगर खुला हुआ इन्सुलिन कमरे के तापमान पर रखा है, तो इसे एक महीने (30 दिन) के अन्दर इस्तेमाल कर लेना चाहिए। एक महीने बाद इसमें ताकत थोड़ी कम हो जाती है, इसलिए इसे फेंक देना चाहिए। बोतल कब खोली गई, यह तारीख लिखना जरूरी है। छोटे बच्चों में इन्सुलिन की dose बहुत कम होती है, इसलिए एक बोतल खत्म होने में बहुत समय लग सकता है।

सर्दी और गर्मी में स्टोरेज़

सर्दियों में, खुला हुआ इन्सुलिन कमरे के तापमान पर रखा जा सकता है। गर्मियों में, इसे फ्रिज़ में रखना चाहिए (लेकिन फ्रीज़र में कभी नहीं)। अगर फ्रिज़ उपलब्ध नहीं है, तो कूलिंग जार या ठण्डे-गीले कपड़े में बोतल लपेटकर रखें।

किन जगहों पर इन्सुलिन नहीं रखना चाहिए

- कार के ग्लव कम्पार्टमेण्ट में नहीं रखना चाहिए।
- ऐसी जगह जहाँ सीधी धूप पड़े, वहाँ नहीं रखना चाहिए।

अनखुला इन्सुलिन

अगर फ्रिज़ में रखा है, तो यह बॉक्स पर लिखी एक्सपायरी डेट तक सही रहता है–

- कार में इन्सुलिन न रखें इन्सुलिन को कार में लम्बे समय तक कभी नहीं रखना चाहिए। बहुत गर्म या बहुत ठण्डे मौसम में कार में इन्सुलिन कुछ घण्टों में भी खराब हो सकता है।
- यात्रा के लिए खास ''इन्सुलिन ट्रैवल पैक'' का उपयोग करें, जिससे इन्सुलिन को तापमान से बचाया जा सके।

मधुमेह एवं आँखें

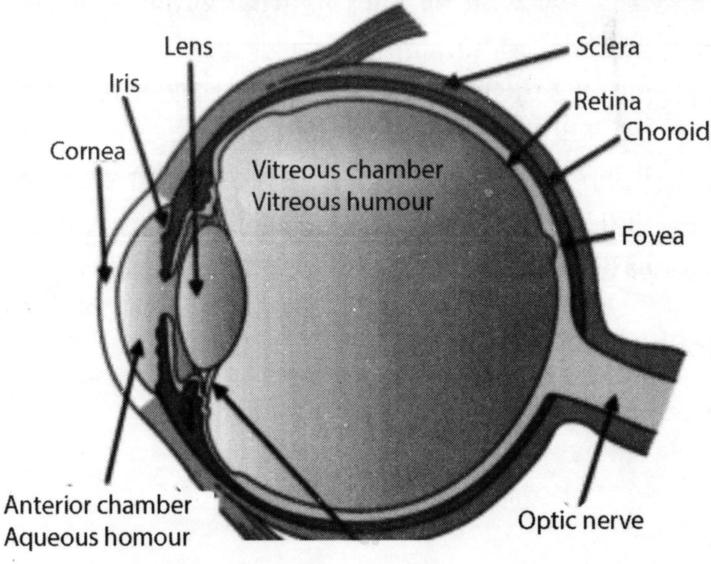

मधुमेह से आँखों की कई समस्याए हो सकती हैं जिनमें डायबिटिक रेटिनोपैथी, मोतियाबिन्द एवं ग्लूकोमा मुख्य है। अगर ब्लड शुगर लेवल लम्बे समय तक उच्च स्तर में रहे इससे दृष्टि धुँधली हो सकती है साफ़-साफ़ दिखाई नहीं देता, रात में देखने में कठिनाई और आँखों में तैरते हुए धब्बे (फ्लोटर) शामिल है। आँखों की नियमित जाँच द्वारा आप अपने आप को इन समस्यायों से बचा सकते हैं। शुगर को कण्ट्रोल रखना अति आवश्यक है।

आँखों की बिमारियाँ

डायबिटिक रेटिनोपैथी—डायबिटिक रेटिनोपैथी मे आँख के पीछे स्थित

रेटिना में रक्त वाहिकाओं (blood vessels) को नुकसान पहुँचने के कारण रेटिना के ऊपर असर पड़ता है।

डायबिटीज़ के मरीज़ जिनको Type 1 या Type 2 डायबिटीज़ है इन दोनों ग्रेप के रोगियों को डायबिटिक retinopathy हो सकती है।

समय के साथ, आपके रेटिना को खून सप्लाई करने वाली रक्त वाहिकाओं (blood vessels) को नुकसान पहुँचता है जिससे रेटिना को रक्त पहुँचने में रुकावट बढ़ जाती है। रेटिना में नई रक्त वाहिकाओं को बनाने का प्रयास शुरु हो जाता है परन्तु यह रक्त वाहिकाऐं ठीक से विकसित नहीं हो पाती और इससे रेटिना में bleed होना शुरू हो जाता है। यह रक्त स्राव या रिसाव (bleed or leaking of blood) के कारण मरीज़ को कम या धुँधला दिखाई देने से रेटिना की देखने की क्षमता में कमी होने लगती है। इस प्रकार डायबिटिक रेटिनोपैथी की शुरुआत होती है।

Retinopathy के मुख्य कारण

- लम्बे समय से uncontrolled डायबिटीज़
- उच्च रक्त चाप
- हाई कोलेस्ट्रोल
- गर्भावस्था
- तम्बाकू इस्तेमाल

मधुमेह रेटिनोपैथी दो प्रकार की होती है

नॉनप्रोलिफेरेटिव डायबिटिक रेटिनोपैथी: इस स्थिति के अधिक सामान्य रूप में, जिसे एनपीडीआर (NPDR) भी कहा जाता है, नई रक्त वाहिकाऐं विकसित नहीं होती।

एनपीडीआर होने पर, रेटिना में रक्त वाहिकाओं की दीवारें कमज़ोर हो जाती हैं। छोटी वाहिकाओं की दीवारों से छोटे-छोटे उभार (aneurysm formation) निकल आते हैं, जिससे कभी-कभी रेटिना में

तरल पदार्थ और रक्त का रिसाव (bleeding) होने लगता है। बड़ी रेटिना वाहिकाऐं फूलने लगती हैं और उनकी चौड़ाई अनियमित हो जाती है। जैसे-जैसे और रक्त वाहिकाऐं क्षतिग्रस्त होती जाती हैं, यह स्थिति धीर-धीरे गम्भीर हो सकती है।

कभी-कभी, रेटिना की रक्त वाहिकाओं को नुकसान पहुँचने से द्रव का जमाव हो जाता है, जिसे सूजन (edema) कहते हैं। यह रेटिना के मध्य भाग, जिसे मैक्युला कहते हैं, में होता है। यदि मैक्युलर एडिमा दृष्टि को प्रभावित करती है, तो सूजन को कम करने और स्थायी दृष्टि हानि को रोकने के लिए उपचार की आवश्यकता हो सकती है। मैक्युलर एडिमा नॉनप्रोलिफरेटिव और प्रोलिफरेटिव डायबिटिक रेटिनोपैथी, दोनों में हो सकती है।

प्रोलिफरेटिव डायबिटिक रेटिनोपैथी– ये अधिक गम्भीर स्थिति है, जिसे पीडीआर (PDR) भी कहा जाता है। क्षतिग्रस्त रक्त वाहिकाऐं बन्द हो जाती हैं, जिससे रेटिना में नई, अनियमित रक्त वाहिकाओं का विकास होता है। ये नई रक्त वाहिकाऐं आपकी आँख के केन्द्र में भरे पारदर्शी, जैली जैसे पदार्थ, जिसे विट्रीस (vitreous) कहा जाता है, में रिस सकती हैं।

समय के साथ, नई रक्त वाहिकाओं के विकास से रेटिना आँख के पिछले हिस्से से अलग हो सकता है। इसे retinal detachment भी कहते हैं। यदि नई रक्त वाहिकाऐं आँख से तरल पदार्थ के प्रवाह को रोक देती हैं, तो आँखों में प्रेशर बढ़ सकता है। यह प्रेशर optic nerve को नुकसान पहुँचा सकता है, जो आपकी आँख से मस्तिष्क तक सूचना पहुँचाती है, जिसके परिणामस्वरूप ग्लूकोमा हो सकता है।

रेटिनोपैथी के लक्षण

आपको गम्भीर रेटिनोपैथी हो, परन्तु हो सकता है कि आपको इसकी कोई भी जानकारी न हो। यदि आपको निम्न में से कोई लक्षण अगर नज़र आते हैं, तो आपको लापरवाही नहीं करनी चाहिए।

अचानक होने वाले परिवर्तन

- गहरे, काले या हल्के धब्बे नजर आए।
- कम दिखाई देना, ज्यादातर एक आँख में (loss of vision)। (अपनी दोनों आँखों की देखने की क्षमता की जाँच कराएं)

धीरे-धीरे होने वाले परिवर्तन

देखने में धुँधलापन ।
सीधी रेखा का झुका हुआ प्रतीत होना।
पढ़ने में परेशानी (देखने में परेशानी का आना)।

किया जाने वाला इलाज़

लेजर थेरैपी– लेज़र (रेटिना पर डाला जाने वाला प्रकाश-पुँज)। टूटने वाली रक्त नलिकाओं को अवरुद्ध कर देता है या असाधारण नलिकाओं के विकास को रोक देता है।

प्रायः एक समय के बाद लेज़र ट्रीटमेण्ट की एक श्रृंखला आवश्यकता होती है। लेज़र ट्रीटमेण्ट आँख की बीमारियों को बुरी स्थिति में पहुँचने से बचाता है। लेकिन यह साधारणतः खोई हुई दृष्टि को वापस नहीं ला सकता।

वाइटरेक्टोमी

यदि आँखों में भारी मात्रा में खून बह गया हो और आँखों में क्षति पहुँची हो तो वाइटरेक्टोमी ऑपरेशन आपकी मदद कर सकता है, इसमें सर्जन आपकी आँखों के अन्दरुनी खूनी तरह का पदार्थ (विट्रीयस) और किसी अन्य प्रकार की क्षति को हटा देते हैं जो आपकी आँखों में बनी हुई है।

शुरुआती स्थिति में वाइटरेक्टोमी करने पर इसकी सफलता की सम्भावनाएं ज्यादा होती हैं। रेटिना की सर्जरी भी सम्भव है लेकिन यह उतनी सफल नहीं है।

मोतियाबिन्द का ऑपरेशन

आँखों का सर्जन आपकी आँखों के दूधिया हो गए लैंस को हटाकर इसकी जगह एक नया लैंस लगा देते हैं।

ग्लूकोमा का उपचार

आई ड्रॉप, दवाइयाँ, लेज़र उपचार या ऑपरेशन आपकी आँखों में बढ़े हुए तरल को हटाकर उन्हें अतिरिक्त दबाव से राहत दिला सकते हैं।

कम दृष्टि को बढ़ाने वाले उपकरण

अगर आपको कम दिखाई देने की परेशानी हो रही है जिसको बढ़ाया नहीं जा सकता तो

- कुछ दिखने में बदलाव का आना (कभी दिखना और कभी न दिखना)
- चीजों का साफ़ और स्पष्ट न दिखना रेटिनोपैथी के सामान्य लक्षण हो सकते हैं, तथापि जरूरी नहीं कि ये आँख में बीमारी होने का लक्षण हो। रक्त में शुगर की मात्रा में परिवर्तन भी धुँधलेपन का कारण हो सकता है। कभी-कभी चीजों का लहराना उम्र बढ़ने की आम बात हो सकती है। इन सब बातों का सही अनुमान आपका आँख का डॉक्टर ही लगा सकता है।

रोकथाम

डायबिटिक रेटिनोपैथी को हमेशा रोका नहीं जा सकता। हालाँकि, नियमित आँखों की जाँच, रक्त शर्करा और रक्तचाप का अच्छा प्रबन्धन (control), और दृष्टि-सम्बन्धी समस्याओं का शीघ्र उपचार दृष्टि हानि को रोकने में मदद कर सकता है। रिस्क फेक्टर्स से बचाव आवश्यक है।

यदि आपको मधुमेह है, तो निम्नलिखित कार्य करके डायबिटिक रेटिनोपैथी होने के ख़तरे को कम करें–

- अपने मधुमेह को नियन्त्रित करें।
- स्वस्थ आहार और शारीरिक गतिविधि को अपनी दिनचर्या का हिस्सा बनाएँ।
- प्रत्येक हफ्ते कम से कम 150 मिनट मध्यम एरोबिक गतिविधि, (जैसे पैदल चलना), करने का प्रयास करें। निर्देशानुसार मधुमेह की दवाएँ या इंसुलिन लें।
- आपको दिन में कई बार या अगर आप बीमार हैं या तनाव में हैं, तो ज्यादा बार अपनी रक्त शर्करा स्तर की जाँच और रिकॉर्ड करने की जरूरत पड़ सकती है।
- अपने डायबिटीज़ के डॉक्टर से पूछें कि आपको कितनी बार अपनी रक्त शर्करा स्तर की जाँच करवानी है।
- ग्लाइकोसिलेटेड हीमोग्लोबिन परीक्षण के बारे में पूछें। ग्लाइकोसिलेटेड हीमोग्लोबिन परीक्षण को हीमोग्लोबिन A1C परीक्षण भी कहा जाता है। यह परीक्षण से पहले 2 से 3 महीने की अवधि के लिए आपकी औसत रक्त शर्करा स्तर को दर्शाता है। अपने डॉक्टर से पूछें कि आपका A1C लक्ष्य क्या होना चाहिए।
- अपने रक्तचाप और कोलेस्ट्रॉल के स्तर को नियन्त्रित रखें। स्वस्थ आहार खाने, नियमित व्यायाम करने और अतिरिक्त वजन कम करने से मदद मिल सकती है। कभी-कभी दवा की भी जरूरत पड़ सकती है।
- यदि आप धूम्रपान करते हैं या किसी अन्य प्रकार के तम्बाकू का सेवन करते हैं, तो इसे छोड़ दें। धूम्रपान से मधुमेह-सम्बन्धी कई जटिलताओं का ख़तरा बढ़ जाता है, जिनमें डायबिटिक रेटिनोपैथी भी शामिल है।

- दृष्टि में होने वाले बदलावों पर ध्यान दें। अगर आपकी दृष्टि अचानक बदल जाए, धब्बेदार या धुँधली हो जाए, तो तुरन्त किसी चिकित्सक से सम्पर्क करें।

याद रखें, मधुमेह से हमेशा दृष्टि हानि नहीं होती। मधुमेह का उचित प्रबन्धन समस्याओं को रोकने में मदद कर सकता है।

सेंसर-आधारित ट्रैकिंग

ब्लड ग्लूकोज़ को प्रत्येक मिनट मापा जा सकता है। इसके लिए एक छोटा सा सेंसर त्वचा के नीचे इण्टरस्टिशियल फ्लूइड में लगाया जाता है। इसे त्वचा पर चिपकने वाले छोटे पैड से पकड़कर रखा जाता है। सेंसर को रीडर से स्कैन करने पर ग्लूकोज़ का रियल-टाइम (तुरन्त) स्तर (level) मिलता है।

CGM (Continuous Glucose Monitor) पहनने से सेंसर ग्लूकोज़ डेटा को लगभग रियल-टाइम में स्मार्टवॉच या फोन तक भेज सकता है। यह डायबिटीज़ वाले लोगों के लिए रोजमर्रा की देखभाल का एक महत्त्वपूर्ण हिस्सा बनता जा रहा है।

CGM जैसी तकनीकें हमें प्रत्येक व्यक्ति के हिसाब से अधिक पर्सनलाइज्ड इलाज या सलाह देने में मदद करती हैं।

कण्टीन्यूअस ग्लूकोज़ मॉनिटरिंग (CGM) के फायदे

- CGM से रोज, हफ्ते में या समय-समय पर ग्लूकोज़ पैटर्न पता चल जाते हैं।
- इससे हाई (हाइपरग्लाइसीमिया) या लो (हाइपोग्लाइसीमिया) शुगर पर तुरन्त प्रतिक्रिया करने में मदद मिलती है।
- सेंसर हाई या लो होने का अलर्ट दे सकता है।
- यह डिवाइस सोते समय भी हाई और लो ग्लूकोज़ लेवल का अलार्म देता है।

ऐप्स और पहनने वाले उपकरण (Wearable Devices)

ब्लूटूथ तकनीक की वजह से अब कई तरह के हेल्थकेयर ऐप्स और

डिवाइसेज़ उपलब्ध हैं। ये ऐप्स मरीजों की ज़रूरी स्वास्थ्य जानकारी एक ही जगह रखने में मदद करते हैं।

स्मार्ट वॉच और अन्य डिवाइस लोगों को बार-बार उंगली में सुई चुभाने (fingerprick) की परेशानी से बचाने के लिए बनाए गए हैं।

स्मार्ट इन्सुलिन पैन

यह डायबिटीज़ मैनेजमेण्ट को और बेहतर और सुरक्षित बनाने की एक नई तकनीक है।

इसमें एक बार फिर से इस्तेमाल होने वाला पैन होता है, जो इंजेक्शन का डेटा (जैसे कितनी मात्रा में इन्सुलिन दी और कब दी) अपने आप रिकॉर्ड कराता है।

यह डेटा ब्लूटूथ से जुड़कर मोबाइल ऐप में सुरक्षित तरीके से भेज दिया जाता है।